連合・労働組合必携シリーズ 2

地域から変える

地域労働運動への期待

中村圭介
Keisuke Nakamura

教育文化協会
旬報社

はしがき

二冊目である。地域労働運動への期待を込めて書ききった。

『地域を繋ぐ』では地域協議会をめぐる「静かな革命」の経緯とその果実を書き記した。「地域労働運動にこんなにも重要で、興味深い変化が起こっていることを知っている研究者はいないだろうなあ」と、やや得意げに、少し興奮しながら書いたことを覚えている。だが、生まれ変わったばかりの、しかもわずか一〇の地域協議会を調べただけである。今後、どちらの方向に向かっていくのかも、いや順調に発展していくのかも、したがって「静かな革命」が成功するのかもわからないままであった。

連合総合生活開発研究所に地方組織調査の企画を持ち込んだのは、地域協議会の整備が一段落し、数年、経過した現在、どのようになっているのか、その全体像を知りたいという思いからであった。五つの地方連合会、一一の地域協議会を訪問し、いろいろと尋ねた後に、質問票の設計に取り掛かった。そして、四七の地方連合会、二八一の地域協議会のすべてを対象とする郵送調査を実施した。

この調査でわかったこととは、全体的に充実した活動を展開している地方連合会とは対照的な、活動面でバラツキの大きい地域協議会の姿であった。「革命」は順調には進んでいない。「革命」の目標は、地域で働き、暮らす人々の生活改善に少しでも貢献することである。この目標が忘れられているわけではあるまい。ただ、目標に向かってどの道を歩んでいけばよいのかが、組織によって、人によって違っているのであろう。せっかく、人と資金を注いでいるのに、バラバラの道を歩んでいる。それでいいのだろうか。目標にきちんと向かっているという意味で「有効」で、できるだけ短い距離という意味で「効率的」な道を歩んでいるのだろうか。

一つの道を仮説的に描いてみたい。私はそう思った。もちろん、私は運動の外にいる、一介の研究者にすぎない。だが、外にいるからこそ見える「良い道」もある。すべての地域協議会の財政、組織、活動を調べた観察結果はある。それだけでは足りない。質問票調査の個票から積極的な活動を行っていると見られる地域協議会を選び、訪問調査を実施することを計画した。まずは一六の地域協議会をピックアップし、その中から一二地協に調査を依頼した。だが、さまざまな事情があって、実際に調査ができたのは七地協にとどまった。

データは揃った。後は「良い道」を一つ描くだけである。これが難しかった。ようやく考え出したのが「結束を強める」、「力を高める」、そして「社会を変える」という一筋の道であった。これが唯一最善の道であると言い張るつもりはまったくない。だが、運動にかかわる人たちが自分たちなりの「良い道」をみんなで探し出すきっかけになればという気持ちで、この道を一例として提示したにすぎない。

地方連合会、地域協議会は地域から社会を変えていく力を持っていると私は心の底から思っている。この本が、みなさんの考えや行動を少しでも刺激できたら幸いである。

訪問調査にご協力いただいた七つの地方連合会と七つの地域協議会の関係者のみなさまに心より感謝したい。お忙しい中、私の調査にご協力いただき、本当にありがとうございました。

なお、地域協議会への訪問調査では、公益財団法人労働問題リサーチセンターの平成三〇年度の研究助成（研究テーマ「地域における労働組合運動の活性化に向けて—地域協議会を中心に」）を受けた。

［目次］

第Ⅰ部

分析編

第1章　地域で顔を見せる運動と「静かな革命」

1　地域協議会の強化

「連合は、中小企業労働問題を今後の最大の運動課題と位置づけ、中小労働運動の強化、そのための地域での『目に見える運動』を推進しなければなりません」[1]と山岸会長（当時）が述べたのは、一九九三年の連合第三回定期大会のことである。あれからもう四半世紀が経つ。「地域で顔を見せる運動」を展開していくために、この年から地方連合会の整備、強化が進められ、その一〇年後の二〇〇三年には地域協議会の強化が打ち出された。

地協強化を初めて打ち出した画期的な答申は次の課題提起から始まる。「連合が抱える最重要課題は、①組織拡大、②中小・地場・零細企業労働者へのアプローチとフォローアップの強化、③政策・制度要求の実現の三つである」。これらの課題は「〝地域に根ざした顔の見える連合運動〟を通じてのみ達成できる共通した課題であり、これらを『三位一体の課題』として取り組む」「この場合、連合本部はもちろん、各地方連合会、構成組織が、如何に『人・もの・金』を地域に根ざした活動の強化、とりわけ『地協』の強化のためにシフトできるか、すなわち『地協』に視点を当てた運動、体制、財政の確立が大きな課題となる[2]」。

答申の論理を私なりに読み込むと次のようである。地域で働き、暮らす労働者や市民の抱える問題を解決することが連合の最優先課題である。そのためには、彼らに直接働きかけて問題に対処するとともに、彼らの生活向上に結びつく政策制度を実現しなければならない。そうした運動の主体としては、地方連合会ではなく、地域に存在し「地域に根ざした顔の見える」地域協議会こそがふさわしい。だからこそ連合本部、地方連合会、構成組織が協力して、地域協議会を「人・もの・金」の面で強化していく必要がある。

二年後の第九回定期大会において「地方連合会・地域協議会改革の具体的実施計画」が提案され、確認される。この計画によれば、①この時点で四七一ある地協を再編統合して最終的には三〇〇にする、②三〇〇の地協すべてに専従者（役員一人と職員一人）を配置し、③固有の事務所を保有させることを目指す。この計画はすぐに実行に移されることになる。まずは一〇六のモデル地協が次々に設置されていった。

私は、前著『地域を繋ぐ』でこの動きを「静かな革命」と呼んだ。「革命」という言葉をあえて選んで使ったのは「ナショナルセンターがいくつかの市町村を範囲とする『地域』組織すべてに専従者を配置しようとするのは、日本の労働組合運動史上初めてのことだからである[3]」。

その後、地協の設置は順調に進み、二〇一二年六月までに二八一の地協が設置され（ただし、専従者のいる地協は二六〇）、目標の三〇〇には及ばなかったものの、地協整備は一段落した。

2　地域を繋ぐ

私が友人たちとともに、地協を初めて調査したのは二〇〇九年のことである。その時まで、地協という組織の存在をよくは知らなかった。[4] 一〇の地方連合会と一〇の地域協議会を訪れ、専従者にインタビューを行い、いろいろと学んだ。この調査を私なりの視角でまとめたのが『地域を繋ぐ』である。ここで私が強調したのは次の三点である。

この静かな革命は熱き思いに支えられて進んでいる。これが第一点である。私が会ったある地方連合会事務局長は、地方連合会の仕事は「八〇パーセントの未組織労働者に労働運動の影響力、求心力を増すこと」であり、そのためにこそ、地協に専従者がいて事務所がいつも開いている状態を作らなければならないのだと語った。「なぜ八割なのですか？」とたずねると次のような答が返ってきた。

「企業内で運動をやっている単組の役員からすれば未組織の八割の人は関係ない。自分でも不思議に思うけれど、単組にいるときは単組の人のために一所懸命やってきた。産別に行くとそれがやや薄まって、もっと広い社会運動をしようという気持ちになってくる。……（地方）連合に来ると『ちょっと待て、連合が勝ち組クラブと言われているのをあんたどう思うのか』という立場に変わる。私がいつも言っているのは、（地方）連合に専従で派遣されている人間が声高に非正規も含めた運動を発信しないと、誰も言う人がいないと。だから私は（地方）連合はこのままでいいのかと真剣に考えた」[5]（カッコ内は引用者、以下同じ）。

私が調査で出会った全員がこの熱気を共有していた。共有に一役買っていたのが連合評価委員会（中坊委員会）の最終報告書である。先の事務局長は「地方の連合運動を真摯にやろうとしている人にとって中坊委員会報告は今もバイブルです。これが原点です[6]」と語った。役員全員でこの報告書の「読み解き会」をもった地方連合会もある。

専従者が地協に配置されることによって、地協内部に連合の顔が見えるようになる。これが前著で強調した二点目である。執行機関である幹事会が定期的に開催されるようになり、出席率も向上する。大会参加者も増える。メーデー、ボランティア活動、レクリエーションなどに参加する単組、組合員が増える。連合や地協のことを知らない組合がなくなる。地方連合会や地協の運動方針が単組のすみずみまで伝わるようになる。つまり、内側に顔が見えるようになる。これが地協強化の果実の一つである。

他方、外側に顔を見せる運動は、私たちが調査をした時点では、あまり進んでいるようには見えなかった。「モデル地協が設置され始めてまだ五年も経っていない以上、当然のことかもしれない[7]」と私は書いた。比較的順調に進んでいると見られるのがライフサポートセンターと未組織労働者対策の二つで、政策制度要請、退職者対策、ＮＰＯなど他団体との連携は地協ごとのバラツキがとても大きい。これが三点目の指摘である。

ライフサポートセンターであっても、労福協が主導するタイプ、地方四団体（連合、労福協、労金、全労済）が協力して運営するタイプ、地協専従者が深く関わるタイプ、組合ＯＢとＮＰＯとのネットワークを活用するタイプと四つあり、地協独自でライフサポートセンターを運営しているのは少数派であった。未組織労働者対策も一定の成果を収めているが、しかし、組織化される未組織労働者は少ない。もっとも、未組織労働者対策の成果を数字で測るべきではなく、困っている未組織労働者に手を差し伸べる、そうしたセイフティネットを張ることこそが重要なのではないかとも書いた。

3　地協に期待する機能

連合は地協に期待する機能として一二を挙げている。一二の機能は「最低実施基準（第一ステップ）と第二段階基準（第二ステップ）」に分けられている。第一ステップは①政策提言、②政治活動、③生活相談、④組織拡大、⑤交渉、⑥中小労組支援、⑦中小・地場企業支援の七つの機能からなり、第二ステップは⑧他団体とのネットワーク、⑨共済、⑩退職者の拠り所、⑪働く人のまちづくり、⑫就労支援の五つの機能からなる。

表1―1は一二の機能を実際にどれだけ果たしているかを示す。一三二の地協の回答結果である。「できていない」「無回答」は除いてある。「十分実践」と「ほぼ実践」とがどう違うのかはよくわからない。**表1―1**によると、四分の三の地協が果たしている機能は共済すなわち労金やこくみん共済

表1-1　活動状況

	十分実践	ほぼ実践	企画立案中
①政策提言機能	16	50	19
②政治活動機能	12	54	16
③生活相談機能	9	34	10
④組織拡大機能	2	40	26
⑤交渉機能	4	41	13
⑥中小労組支援機能	2	38	18
⑦中小・地場企業支援機能	1	12	74
⑧ネットワーク機能	5	23	18
⑨共済機能	29	45	7
⑩退職者の拠り所機能	10	26	15
⑪働く人のまちづくり機能	2	20	19
⑫就労支援機能	1	8	10

資料出所：日本労働組合総連合会『地域協議会の果たす具体的な機能についての調査（2）結果』（2015年1月）pp.2-4より作成。サンプル数は132地協である。「できていない」「無回答」は除いた。

COOPとの連携だけであり、三分の二の地協が果たしている機能は政策提言、政治活動の二つである。組織拡大、中小労組支援、交渉、生活相談という四つの機能を果たしている地協は四割程度となる。その他の五つ――中小・地場企業支援、ネットワーク、退職者の拠り所、働く人のまちづくり、就労支援――は一部の地協に限られる。

こうしたバラツキを踏まえてであろう、連合は一二の機能のうち五つの機能を「優先的に取り組む五項目」として提案している。[8] 組織拡大機能、中小労組支援機能、交渉機能、政策提言機能、政治活動機能がそれである。

4　新たな調査

地協は実際に何を行っているのだろうか。そ

表1-2　調査対象地域協議会

地域協議会名	組織範囲	組合数	組合員数
連合山形鶴岡田川地協	1市2町	32	4,777
連合千葉外房地協	6市10町1村	35	6,473
連合岐阜中濃地協	3市	24	8,836
連合愛知尾張中地協	4市1町	87	27,039
連合三重津地協	1市	96	20,287
連合広島福山地協	1市	63	20,469
連合福岡京築田川地協	3市11町1村	60	16,060

組合数、組合員数は調査時点のもの。

の実態を踏まえた上で、今後の方向性について議論をする素材を提供したい。私はそう考え、二つの調査を企画した。一つは二八一すべての地協の組織、活動、財政を調べる質問票調査である。この調査では四七のすべての地方連合会の組織、活動も調べており、調査結果は連合総合生活開発研究所『地方連合会・地域協議会の組織と活動に関する調査研究報告書』（二〇一八年）としてまとめられている。

この報告書でも地協活動のバラツキが認められた。また、次章以下で詳しく見ていくが、地協専従者が加盟組織を訪問している地協ほど、活動が充実していることがわかった。そこで専従者が加盟単組を積極的に訪問し、かつ幹事会の平均出席率が八〇パーセント以上の地協を個票から選び出し事例調査を行うこととした。当初は一二の地協を選んだが、さまざまな事情で、最終的に調査ができたのは**表1－2**に掲げた七地協にとどまった。組合員数の多い地協、少ない地協、組織範囲内の自治体数の多い地協、少ない地協と組織事情は大きく異なっている。ただ、組織事情の違いにかかわらず、活動は充実している。

表1-3　四つの変数

組合員規模	人数	5,000人未満	1万人未満	2万人未満	2万人以上	
	組織数	60	79	79	63	
	比率	21.4	28.1	28.1	22.4	
単組訪問	割合	未訪問	1割～4割	5割以上	不明	
	組織数	92	84	95	10	
	比率	32.7	29.9	33.8	3.6	
所要時間	時間	1時間未満	1.5時間未満	2時間未満	2時間以上	不明
	組織数	72	117	57	32	3
	比率	25.6	41.6	20.3	11.4	1.1
部局・専門委員会の有無	有無	有り	無し	不明		
	組織数	151	127	3		
	比率	53.7	45.2	1.1		

資料出所：連合総合生活開発研究所『地方連合会・地域協議会の組織と活動に関する調査研究報告書』2018年より作成。

なお、質問票調査の分析にあたっては**表1－3**にある四つの説明変数を用意した。

組合員規模は地協が持つ資源（人、資金）の代理変数である。

専従者による単組訪問は、日頃、訪問している加盟単組の割合を示すものであって、地協専従者の努力の程度を示す代理変数と見なした。

所要時間は地協事務所から一番遠い加盟単組までの所要時間（交通手段を特定してはおらず、回答者の判断に委ねている）から作成した変数であり、物理的にみた地協活動のしやすさを示す代理変数である。

専門部局・委員会の有無は地協の執行部体制の充実度を図る代理変数として用意した。

各変数間には一組を除き、相関はない。相関関係があるのは組合員規模と専門部局・委員会の有無で、組合員規模が大きいほど専門部局・委員会有りが増

える（五〇〇〇人未満三三・三％、一万人未満五一・九％、二万人未満五九・五％、二万人以上六八・三％）。

この二つの変数が活動状況のバラツキを説明する場合（たとえば平均推薦議員数）、どちらの変数の影響が大きいのかを吟味する必要がある。この一組以外は相関関係はない。言い換えれば、規模が大きいと訪問する単組割合が増えたり、規模が大きいと所要時間が長くなったり、所要時間が短いと訪問する単組割合が増えたりという一貫した傾向は見られない（その逆の関係も見られない）。

5　新たな方向性—地域から社会を変える

以下では、この二つの調査から得られたデータを使って地協活動を次の三つに分けて、その実態を見ていくこととする。なお、質問票調査の個票を利用することもある。この場合、「連合総研調査票によると」という断り書きをする。

三つの活動領域の一つ目は「結束を強める活動」である。前著で「内側に顔を見せる活動」と呼んだものと重なる。具体的には、幹事会メンバー、加盟組織、組合員へ働きかける、あるいは支援する活動である。

二つ目は「力を高める活動」である。自らの影響力、発言力を高める活動である。選挙活動、推薦首長や推薦議員との連携、自治体や使用者団体との話し合いの場の構築である。

三つ目は「社会を地域から変える活動」である。前著で「外側に顔を見せる活動」と呼んだものと重なる。具体的には労働相談、生活相談、組織拡大、街頭宣伝行動、政策制度要請である。

地協の活動領域を三つに分け、前著とは異なる名称を使ったのは次のような理由からである。連合が地協に期待する役割は「地域に根ざした顔の見える労働運動」を展開することである。そのため、連合は地協に一二の機能を果たすよう求めている（第一ステップと第二ステップに分けているが）。だが、これだけでは、どのようにすれば「顔が見えてくるのか」という方法論がわからない。少なくとも私にはわからない。

私が前著で「内側と外側」という区別をしたのは、地協が「顔を見せる」対象を分けることによって、方法論を少しでも論じられるようにするためであった。だが、二つだけでは、選挙活動、政治活動など自らの影響力、発言力を高めるための活動領域が落ちてしまう。そのこともあって、二八一地協に対する質問票調査では、この第三の活動領域についてもたずねている。

三つの活動領域に分けることによって、地協の活動を立体的に把握することができる。だが、それだけでは「地域で顔を見せる」ための方法論は語れない。もう一工夫が必要である。

「地域に根ざした顔の見える運動」は、前述のように「地域で働き、暮らす労働者や市民の抱える問題を解決すること」を目的とする。そのために地協は「彼らに直接働きかけて問題に対処するとともに、彼らの生活向上に結びつく政策制度を実現しなければならない」。三つの活動領域でいえば「社会を地域から変える活動」こそが最終的なねらいとなる。

他の二つの活動領域を、このねらいとの関係で、次のように整理することで方法論を語ることができる。第一の活動は地協運営の要である幹事会を活性化し、地協として加盟組織を支援し、組合員へのサービスを提供する。そうした努力が地協の結束を強めることにつながる。

この強化された結束が、自らの影響力、発言力を高める成果を生む。地協メンバーを巻き込んだ選挙活動を展開し、推薦首長、推薦議員を誕生させ、彼らとの連携を図る。自治体部局との意見交換、使用者団体との話し合いも、強化された結束によって実現するかもしれない。

強化された結束、高められた力が第三の活動領域で発揮される。労働相談、生活相談、組織拡大を通じて、さまざまな問題を抱えながら、働き、暮らす人々を支援する、街頭で自らの主張を地域に向かって積極的に発信する、地協による政策制度要請によって地域での暮らしを良くすることを目指す。

第三の活動領域に積極的に取り組んでいけば、地域から社会を変える展望が見えてくる。連合が目指す「働くことを軸とする安心社会—まもる・つなぐ・創り出す」を地域から築き上げていくという展望である。地方連合会、地域協議会は日本社会を地域から変えていく重要な担い手の一つになり得る。

この方向に向かっていけるのかどうか、そのヒントをこの本でじっくりと考えていきたい。

1　日本労働組合総連合会『第三回定期大会議事録』（一九九三年一〇月）五頁。
2　「地方連合会活動のあり方検討会答申」日本労働組合総連合会『第八回定期大会一般活動報告書』（二〇〇三年一〇月）所収。

3　中村圭介『地域を繋ぐ』（教育文化協会、二〇一〇年）九頁。
4　労働者福祉協議会（労福協）という組織の存在を初めて知ったのも、この調査である。その後、労福協の可能性を探るために、一一の都道府県レベルの労福協について事例研究を行い、『連帯社会の可能性』（全労済協会、二〇一九年）としてまとめた。
5　前掲『地域を繋ぐ』七〇―七一頁。
6　前掲書七五頁。
7　前掲書一九〇頁。
8　日本労働組合総連合会「二〇一四年第一回地域協議会活動推進会議資料」より。

第2章　結束を強める

1　はじめに

この章では地協が幹事会、加盟組織、組合員に働きかける、あるいは支援する活動を「地協内部の結束を強める活動」と見なして、その活動にエネルギーをどのくらい注いでいるかを論じる。

2　地方連合会との連携

具体的な活動の状況を明らかにする前に、事例調査からわかったことを一つ指摘しておきたい。それは地方連合会と地域協議会の活動の同期化が意識的に追求されていることである。

表2－1は同期化の仕組みを示す。地方連合会の年間活動計画・運動方針は、この表にある地協代表者会議などの場で地協役員に示され、この計画・方針に沿って地協運動を進めていくよう求められる。連合愛知では年度当初に連合愛知の年間計画が提案されるが、その際、各地協に期待する活動が

表2-1　地方連合会と地域協議会との連携

地協名	地方連合会の年間活動計画・運動方針が示される会議	地協専従者の地方連合会執行委員の兼務状況	地協事務局長会議の開催頻度
鶴岡田川	地協議長・事務局長会議	執行委員（地域対策部長）	毎月
外房	地協代表者会議		毎月の地協代表者会議と同日
中濃		2人（6人中）は執行委員	月2回の事務局常任役員会議と同日
尾張中	地協代表者会議	執行委員	毎月
津	地協専従者会議	特別執行委員	毎月の地協代表者会議と同日
福山	地協議長・事務局長会議、地協事務局長会議	副事務局長（4人）	毎月
京築田川	地協代表者会議	特別執行委員	毎月

別途、示される。中濃地協にはこの種の会議はないが、同期化が追求されていないわけではない。連合岐阜に設置された六地協の専従事務局長は連合岐阜事務局の役職を兼務しており、毎月二回開催される連合岐阜事務局常任役員会議のメンバーである。この場で同期化が追求される。

地協専従者が地方連合会執行委員（あるいは特別執行委員）を兼ねている地協は鶴岡田川、尾張中、津、福山、京築田川の五地協である。中濃地協は六人の地協専従者のうち一人が副事務局長、二人が執行委員である。地協事務局長会議は毎月、開催されている（中濃地協は二回）。こうした会議で、地方連合会の毎月の活動計画が地協専従者に伝えられ、地協活動に具体化されることになる。

同期化の様子が一目でわかるのが連合岐阜である（一一五頁参照）。組織拡大、労働相談、街宣行動、自治体要請、首長・議員懇談会、春季生活闘争、メーデー、学習会・研修会、支え合い・助け合い、機関紙といった活動は、六地協すべてが行っている。地協の独自性を出しつつも「足並みそろえていきましょうということ」で進めている。

こうした同期化がすべての地方連合会で実施されているかどうかはわからない。とはいえ、地方連合会と地域協議会との一体的運営が地域労働運動にとってプラスに働くことは自明なことであり、密接な連携は必要不可欠な条件だと考えられる。

3　幹事会メンバー

表2-2　幹事会の回数と出席率

地協名	開催回数	平均出席率
鶴岡田川	12	82
外房	11	92
中濃	7	93
尾張中	9	88
津	8	80
福山	12	95
京築田川	12	90

幹事会の開催回数の平均は九・九回、出席率の平均は七三・六％である。二五四の地協が二カ月に一回以上、幹事会を開催し（一カ月に一回以上は一三八組織）、出席率七〇％以上の地協が一九六組織、七割を占める。幹事会は地協活動の要であり、幹事会が定期的に高い出席率を維持しながら開催されることが、地協内部の結束を強めることの大前提である。出席率七〇％は最低限の基準ではないか。だが、三割はこの基準を下回る。

表2－2は七地協の幹事会の回数と出席率を示す。開催回数は中

濃地協の七回から鶴岡田川、福山、京築田川の一二回までであり、幹事会の平均出席率は八〇％を超える。幹事会の日程をその都度決めているのが鶴岡田川、外房、中濃の三地協である。年間計画で開催日を予め決めているのがその他の四地協である。開催日を予め定めるか、その都度、設定するかのどちらにするかは、幹事会メンバーの都合に合わせればよいようだ。なお、全体では開催日を柔軟に設定する地協が二二七組織と八割近くを占める。

幹事会への出席を毎回呼びかけている地協は二六四組織である。幹事会への出席を促すだけではなく、欠席者への対応も幹事会の持続的開催を支える上で重要である。欠席者に幹事会提出資料を送付する地協は二六二組織である。鶴岡田川はじめ七地協も当然、送付している。資料送付だけではなく、欠席者に資料を持参（六二組織）、開催の事実を事後通知（二四組織）、訪問・電話などで次回参加呼びかけ（五一組織）、FAX・メールなどで次回参加呼びかけ（七三組織）など、さまざまな工夫をしている地協が多く、なんらかの工夫を一つ以上行っている地協は一三八組織、五割となる。鶴岡田川、外房、中濃、津、福山では資料を持参することが多い。

幹事会での議論、活動を支援するための補助機関を設けている地協は一五一組織である。七つの地協では鶴岡田川、外房、中濃、尾張中、福山の五地協が専門部局あるいは専門委員会を設置している。幹事会メンバーを地協活動に巻き込んでいくための一つの仕組みだといってよいが、津地協のように巻き込んでいくためには委員会などではなく、「日々、メンバーの顔を見る、電話をする、その繰り返しが大切だと思います」という考えもある。

4　加盟組織

地協専従役員が加盟単組を訪問している地協は一八七組織、三分の二である。加盟単組をまったく訪問していない地協は九二組織（不明が二組織）となる。専従者が単組を訪問している地協であっても、五割以上の単組を訪問しているのは九五組織、全体の四割となる。事例調査の対象として「単組訪問が積極的である」地協を選んだため、七地協とも六割から八割、あるいはそれ以上の単組を専従者が訪問している。鶴岡田川、津の二地協ではすべての単組を対象としている。「すべての単組を訪問し、三役、幹事は何回か訪問」「また来たのかと言われるほど訪問」している。単組訪問の理由としては、「現場で話を聞くことが大事」「加盟組合に顔を見せる必要があると思い、時間があればとにかく単組を訪問している。昨年はほぼ月に一回は単組回り」「幹事会メンバーではない単組を訪問して、コミュニケーションを図る必要があると思う」などが挙げられている。

メーデーなどの活動への参加を単組に要請している地協は二四六組織、共済機能を強化するため労働金庫やこくみん共済COOPへの加入促進に取り組んでいる地協は二一九組織、街頭宣伝行動への参加要請をしている地協は二〇二組織と、七割から九割の地協が加盟単組に働きかけている。鶴岡田川を含む七地協は単組にメーデーや街宣行動への参加要請を行っているが、共済事業との連携は鶴岡田川、外房、中濃、福山、京築田川の五地協である。共済事業との連携は地協規模と強く相関し、規模が大きくなるほど、連携する地協が減る。おそらく大きな単組では、単組独自に共済事業との連携を図っており、地協の役割が減るためではないかと推察しうる。

　春季生活闘争時などで中小労組支援をしている地協は一〇七組織、三分の一となる。単組の支援は当該単組が加盟している産業別組織の地方組織が行うのが基本であり、地方連合会や地協の主たる役割ではない。とはいえ、産業別組織の地方組織がないなど、上部団体の十分な指導、支援が期待できない場合、地方連合会や地協がその役割を担う必要が出てくるのだろう。

　七地協では鶴岡田川、外房、中濃、津、京築田川の五地協が中小労組支援をしている。具体的には次のようである。

　鶴岡田川地協では、まず連合山形の春闘方針を踏まえて地協方針が確立され、春闘学習会、中小労組懇談会でその方針が報告、説明される。中小労組懇談会は組合経験の浅い役員に団体交渉についてのノウハウを教える場でもある。その後、意見交換と激励をかねて、地協議長と事務局長による職場訪問が行われる。二〇一八年度は一四単組を訪問している。三月には春闘街宣行動が行われ、四月中旬には春季生活闘争決起集会が開催される。いずれも連合山形、協力議員団の協力を得ている。決起集会は「既に春闘を終えた組合が結果を報告し、まだ妥結していない中小労組に参考にしてもらう」場である。

　連合岐阜は、春闘方針が届かない単組があり、また単組からの問い合わせもあるため、各地協に対して春闘方針を説明し、学習する場を設けるよう求めている。内容については地協に任せている。中濃地協は二〇一八年度には中小・地場組合を対象とした二部構成の学習会を開いた。第一部は地協事務局長による連合岐阜の春闘方針説明、第二部では参加者による春闘の進め方についてのグループ討議を実施した。

連合三重も各地協に春闘学習会を開催するよう求めている。学習会では連合三重の春闘方針の説明と単組間の情報交換が行われる。津地協の学習会では「産別なり単組が、いま、どういう闘いを進めているのかを話してもらう」。そういう情報は「地場の中小労組では結構、役に立つ」。また、春闘時には津商工会議所に賃金引上げなど労働条件の改善についての申し入れをしている。

連合福岡も各地協に同じような協力を求めている。京築田川地協は「連合福岡春季生活闘争出前講座」を開催し、中小労組へ連合福岡の春闘方針を説明するほか、中小未加盟組合に対し激励訪問を行っている。また、連合福岡の方針に沿って、地元の経営者団体に春季生活闘争要請書を提出している。二〇一八年度では十五ある経営者団体のうち、二団体（行橋商工会議所、苅田町商工会議所）に要請書を提出した。

以上で見た単組訪問、メーデーや街宣行動への参加要請は加盟単組を地協運動に巻き込む重要な手段であろう。共済事業との連携、春季生活闘争などでの中小労組支援は、そうした必要性がある場合は、地協として懸命に取り組む必要がある。

なお、中小労組支援は専従者の単組訪問頻度と強い相関がある。未訪問が一八・五％、一割～四割が四五・二％、五割以上が五二・六％である。共済事業との連携も同様で、未訪問が六六・三％、一割～四割が七七・四％、五割以上が八四・二％となる。これらの働きかけや支援が必要な場合であっても、地協専従者の努力いかんによって、結果が異なってくるということかもしれない。

5　組合員

組合員にサービスを提供し、積極的に働きかけている地協は多い。二六七組織では、幹事会でメーデーが議題として上っており、組合員とその家族をメーデーに迎えていることがうかがえる。過去三年間でレクリエーション活動などを行った地協は二六二組織で、その内訳を見ると（複数回答）、学習会（二〇〇組織）、スポーツ大会（一七六組織）、バーベキュー（七二組織）、お祭り・パーティ（六九組織）となっている。組合員をボランティア活動に誘った地協は二四四組織である。加盟単組、組合員へ地協の情報を発信するツールを持っている地協は二四〇組織あり、その媒体を見ると（複数回答）、機関紙（一八一組織）、ホームページ・ブログ（八六組織）、ＳＮＳ（四七組織）などである。

七地協も組合員へ積極的に働きかけている。順に見ていこう。

鶴岡田川地協ではメーデーは平和センター、労福協と共催で開催されている。式典、デモ行進、シュプレヒコールを行い、その後は家族ぐるみのイベントとなる。二〇一八年四月には七〇〇人が参加している。レクリエーション活動としてはスポーツ大会（山形県勤労者体育祭田川地区大会）[1]があり、二〇一八年度はソフトボール（九チーム）、卓球（六チーム）、バレーボール（七チーム）、軟式野球（二チーム）、ボウリング（一七チーム）の五競技が行われた。チーム数からみると、比較的多くの組合員が参加していると思われる。

鶴岡田川地協でユニークなのは、女性委員会にイベントの企画運営を委ねて、彼女らの積極的参加を引き出していることである。毎年三月八日の国際女性デー[2]にちなんで、地協では国際女性デー集会を開催している。この集会の企画、運営を女性委員会に委ねているのである。このことが女性組合員を地協運動に巻き込むことに大いに貢献している。

「誰を呼んで、どういう話をしてもらうのかを自分たちで決めるわけですよ。チラシも自分たちで作って。……そんなことは単組とか産別ではできないじゃないですか。ところが地協に来たら、自分たちで考えて、自分たちで話し合って、そういうイベントを企画できるわけですよ。そうすると『こんなに労働運動って楽しいものだとは知らなかった』となるわけですよ。……楽しいと感じた女性たちは後輩にも面白さを伝えてくれるわけですよ。そうしたら五年後、十年後に地協運動に積極的にかかわろうという女性が出てくるかもしれないでしょう」。

鶴岡田川地協は、この他に、労福協と共催で、海岸や河川のクリーン作戦を春と秋に行っている。二〇一八年度の参加者はそれぞれ一四〇人、一五一人であった。

外房地協のメーデーは地区連絡会ごとに二つ開催される。式典の後は、抽選会、クイズ、プラカードコンテストなど、家族ぐるみのイベントが開かれる。二〇一九年度は各地区でそれぞれ一九五人、三二五人が参加した。この他、連合総研調査票によると、組合員向けにスポーツ大会、お祭り・パーティ、テーマパークツアー、チャリティー活動、学習会を単独で開催している。スポーツ大会ではチャリティーでゴルフ大会（六〇人）、ボウリング大会（四〇人）を実施し、バスツアーなども行っている。バスツアーは「年度によって様々ですが、今年はバイキングで食事をしてくるというツアーでした。皆さんの意見を吸い上げて。このツアーは家族型なんで、子どもさんが行きたいようなところを企画しています」。

列島クリーンキャンペーンも、これまでのような駅前清掃ではなく、二〇一九年度より、家族型キャンペーンに変更した。「九十九里浜をきれいにしようということで、家族で参加するキャンペーンにしました。現地集合現地解散です。清掃したあと、参加者で食事をするということにして。一三〇人参加しました。連合の旗立てて、地域で顔を見せる運動です」。

中濃地協のメーデーは労福協との共催、NPOやFC岐阜（J2）との連携で開催されている。式典とファミリーフェスティバルの二部構成であり、フェスティバルではステージでは和太鼓演奏、公園内では子ども向けゲームを行い「会場はおおいににぎわい」、二〇一九年度は六〇〇人が参加した。

中濃地協事務局長が重視しているのはボランティア活動である。その一つとして自然災害対策活動がある。「東日本大震災の時の連合の取り組みは地域で顔の見える運動だったと思う。個人的にはかなり関心を持っている。なにか災害があったときに、さっと地協で対応できる。そんな仕組みをつくろうと思っています」。二〇一八年七月の西日本豪雨では関市が被害を受けた。その際、中濃地協は「計二回にわたり、事務局によるボランティア活動及び現地調査を実施」し、「その後、中濃地協として、災害発生直後でも対応ができるよう、初期行動の方法について議論をし、幹事会にて確認を」している。

クリーンキャンペーンもボランティア活動の一環として二〇一八年度から行政が行う清掃活動に参加することとした。一〇月二七日に各務原市が主催する「川と海のクリーン大作戦」に中濃地協として参加し、六九人の組合員とその家族が「早朝から参加をし、河川清掃に汗を流した」。その意図について地協事務局長は次のように語る。「連合の強みはたぶん人集めと派遣なので、その強みを地域で生かすような取り組みをしていきたいと思っています。地協の役割だと思うんです、地域で顔を見せる運動の実践は」。

尾張中地協はメーデーを式典とフェスティバルとの二つに分けて別々に開催している。式典では各市長や政策推進議員らによる挨拶、メーデー宣言などが行われた。フェスティバルは春日井市が主催する「わいわいカーニバル」に尾張中地協も実行委員として加わって開催され、抽選会、各種ゲーム、手作り工作、ショーなどが行われる。二〇一八年度は家族を含め六〇〇人が参加した。

この他、連合総研調査票によると、スポーツ大会、お祭り・パーティ、旅行、学習会、ボランティア活動を労福協と共催で行っている。スポーツ大会はボウリング大会である。

ボランティア活動は市が行うクリーンキャンペーンに地協として参加している。二〇一八年度には四市一町が行った六回のクリーンキャンペーンに延べ一七二人が参加した。

津地協でも式典とフェスティバルのメーデーが開催され、二〇一九年度には四五〇人が参加した。

この日にクリーンキャンペーン活動も行っている。この他、レクリエーション活動、ボランティア活動を加盟単組と連携しながら行っている。夏には津市にある遠浅の河芸マリーナでの楯干し（魚とり）を津地協として催している。

津地協では鶴岡田川地協と同じく女性委員会の活動が活発である。連合三重の「男女平等参画推進」方針を受け、津地協は「女性の連合運動への理解を深める取り組みとして、各産別から委員を求め、女性が参加しやすい運動を進め」るため、女性委員会を設置している。女性委員会は独自に研修会やレクリエーションの企画、運営を行っており、二〇一八年度には三重県議会の女性議員による講演とガーデニング体験教室（参加者は六〇人）、京都視察を兼ねた研修会（連合三重副事務局長による連合三重男女平等参画方針の説明）が車中で行われた（参加者四九人）。

福山地協のメーデーでも式典の後、「出店、屋台、チャリティー抽選会、ミニ動物園、キャラクター・ショー、沖縄伝統芸能エイサー舞踊、フリーマーケット、ばらオーナーへの協賛」を行っている。ここでチャリティー抽選会（賞品が当たる）も行われるが、その企画、運営を担当しているのが青年女性委員会である。二〇一九年度の参加者は五五〇〇人で、広島地協の中央メーデー七〇五五人に次ぐ規模である。「福山地協のメーデーが盛り上がるのは、家族が来るから。キャラクター・ショーも午前と午後二回するし、それを目的に小さい子どもたちがいっぱいきています」。

列島クリーンキャンペーンは福山市の「明るい街づくり協議会」などに協賛して、年に三回実施している。クリーンキャンペーンも家族連れで、一回につき、七〇から八〇人が参加する。

前出の青年女性委員会はメーデー以外にも独自のセミナーや交流会を開催するなど活発に活動している。議案書には次のように書かれている。「青年女性委員会は概ね月一回開催するなかで、『交流行事』『セミナー』の企画など積極的に取り組み、次代を担うリーダーの育成にも寄与してきました。今後とも他地協の青年女性活動のモデルとなるよう、充実した青年女性委員会の活動を推進していきます」。二〇一九年度のセミナーは二月に福山市にある瀬戸内体験型施設で行われ、五三人が参加した。

京築田川地協のメーデーは、例年、行橋市の総合公園（雨天の場合は公園内にある体育館）で開催される。式典の後、子ども向けの様々な催しをするのが京築田川地協メーデーの特徴である。「毎年、子どもの和太鼓チームが近辺にあって、その子どもたちに和太鼓の演奏をしてもらっています。それと模擬店です。焼きちくわとか、綿菓子、かき氷、フランクフルト、ヘリウムの風船など。子どもたちにいっぱい来てもらって、子どもが『今日一日、楽しかったね』と家に帰って親に言えば、親たちも組合活動に出やすいじゃないですか。家族が楽しんで喜んでもらえる、それが目的です」。毎年、二五〇〇人から三〇〇〇人が参加する。

列島クリーンキャンペーンは地区連ごとに実施している。地区連が企画、日程、場所すべてを決めている。各自治体の首長のあいさつのあと、京築田川地協議員懇談会の地元議員、地区連加盟組合の組合員家族が参加する。二〇一九年度の参加者数は三地区連合計で二二〇人である。

以上をまとめると次のことが言える。九割以上の地協は、メーデー、レクリエーション、ボランティア活動への参加を組合員に積極的に働きかけている。八・五割の地協は単組や組合員へ情報発信している。そして、七地協の事例から、さまざまな工夫をこらしながら組合員とその家族を巻き込んでいる様子がうかがえる。また、七地協すべてが組合と組合員に情報を発信している。組合員全員がこれらの活動に参加しているわけではないが、しかし、地道な努力を積み重ねていくことによって、組合員との距離が縮まってくる。鶴岡田川地協や津地協の女性委員会、福山地協の青年女性委員会に見られるように、イベントなどの企画、運営を彼らに任せることによって、活動が活性化し、若者や女性の組合活動への積極的な参加を引き出すことができてくる。

6 まとめ

地方連合会との一体的な運営を図りながら、地協は次のようにして、地協内部の結束を強めていくことができる。

地協運営の要である幹事会を定期的に、高い出席率（七割以上）を維持しながら開催していくことがまず必要となる。そのため、幹事会メンバーに毎回、出席を呼びかけるとともに、欠席した場合の対応もきちんと行う。幹事会資料の送付はもちろんであるが、それだけでなく、資料の持参、次回への参加呼びかけなどを行う。開催日は幹事会メンバーの都合にあわせて決めればよい。幹事会での議論、活動を支援するための補助機関を設けることも考慮してもよい。それによって幹事会のメンバーを地協活動に巻き込んでいけるからだ。もっとも、補助機関を設けず、「日々、メンバーの顔を見る、電話をする」ことを繰り返してもよいだろう。

加盟単組を訪問することはもっと重視されてよい。五割以上の単組を訪問している地協は九五組織、四割である。この数字をもっと高めていくべきではないか。私は労働組合運動の基本は「会って話す」ことだと考えている。地協運動にしても、加盟単組に顔を見せることが基本ではないか。その上で、メーデーや街宣行動へ参加するよう求めていく。共済事業との連携、春季生活闘争などにおける中小労組支援は、そうした必要性がある場合は、地協として懸命に取り組むべきだろう。なお、この二つの活動は、地協専従者が訪問する単組が増えると、充実してくる。

ほとんどの地協はメーデー、レクリエーション、ボランティア活動への参加を組合員に積極的に働きかけている。情報発信もしている。七地協の事例からさまざまな工夫をこらしていることもわかる。もちろん、組合員の全員が参加しているわけではないが、地道な努力を積み重ねていけば距離が縮まる。組合員を地協活動に巻き込むために、イベントなどの企画、運営を彼らに任せるということも有効でありそうだ。

こうした活動を積み重ねることで、地協内部の結束を強めていくことができる。

1　主催は山形県労働者福祉協議会で、山形県が協賛している。

2　国際女性デーとは、女性への差別撤廃と女性の地位向上を訴える日として国際連合が一九七五年に制定した記念日である。

第3章　力を高める

1　はじめに

この章では自らの影響力、発言力を高める活動である選挙活動、推薦首長、議員との連携、自治体や使用者団体との話し合いの場の構築を取り上げる。

2　首長と議員

首長や議員を選ぶ選挙活動に取り組んでいると回答した地協は二七一である。推薦首長を擁する地協は一九五組織、七割である（ゼロが八一組織、不明が五組織）。推薦首長一人が九六組織、二人が四七組織、三人以上が五二組織であり、首長ゼロも含め平均を取ると一・五八人となる。予想以上に多い。なお、同様のことが地方連合会にも言える。推薦知事を抱える地方連合会は全体の七割の三三組織、知事と支持・友好関係を結んでいる地方連合会は七組織、合わせると四〇

表3-1　組合員規模と平均推薦議員数

	5,000人未満	1万人未満	2万人未満	2万人以上
市町村議会議員	3.05	6.35	8.1	11.67
県議会議員	0.78	1.03	2.18	3.52

組織、八・五割が知事と良好な関係を築いている。

推薦市町村議会議員を持つ地協は二六五組織、九・五割である（ゼロが一三組織、不明が三組織）。推薦市町村議五人未満が九五組織、五人以上一〇人未満が九七組織、一〇人以上が七三組織であり、推薦市町村議ゼロを含め平均を取ると七・三五人になる。地区選出の推薦県（都、道、府）議会議員（以下、県議と略する）を持つ地協は二〇六組織、七・五割である（ゼロが七二組織、不明が三組織）。地区選出の推薦県議一人が七八組織、二人が五三組織、三人が三九組織、四人以上が三六組織であり、ゼロを含め平均を取ると一・八六人となる。議員数も予想以上に多い。地方連合会の推薦県議数を見ても同じことが言え（すべての地方連合会が推薦県議を持つ）、推薦県議二人が一組織、四人以上一〇人未満が二六組織、一〇人以上二〇人未満が一四組織、二〇人以上が六組織となり、平均で一〇・五人となる。

なお、**表3－1**からわかるように、推薦議員数は地協規模と相関する。二つのことが考えられる。一つは地協規模は住民規模と相関し、したがって議員定数とも相関する。そのため大規模地協では推薦議員数が増える。もう一つは地協規模が大きいと、より多くの組合員に推薦候補に投票するよう求めることができ、結果として推薦議員数が増える。

地協が推薦首長や推薦議員とどのように良好な関係を築き、維持しようとしてい

表3-2　七地協の推薦首長と議員

	推薦首長数	推薦市町村議会議員		組織範囲	推薦県議会議員数
		自治体数	議員数		
鶴岡田川地協	1市	1市1町	6人	1市2町	2人
外房地協	3市、4町、1村	4市	4人	6市10町1村	−
中濃地協	2市	3市	5人	3市	2人
尾張中地協	4市1町	4市1町	13人	4市1町	3人
津地協	1市	1市	5人	1市	3人
福山地協	1市	1市	5人	1市	2人
京築田川地協	1市2町	2市4町	13人	3市11町1村	3人

るのかを見てみよう。定期的、不定期に懇談会や活動報告会を開催している地協が二二一組織、地協の総会や幹事会に招いている地協は二四六組織、新年の挨拶・忘年会など季節の行事に招いている地協は二一〇組織、メーデーへの参加要請が二四三組織、地協のレクリエーション活動、ボランティア活動への参加要請は一二三組織となっている。八割前後の地協が推薦首長や推薦議員とコミュニケーションを図り、良好な関係を築き上げようとしていることがわかる。

七地協の事例を表3－2で見よう。尾張中、津、福山の三地協は組織範囲の自治体すべてに推薦首長を有する。中濃も三地協に並ぶ（推薦していない関市長も友好関係にあり、他の二人の推薦市長と同様に、市長を招待して政策懇談会を開催している）。外房は半分ほどの自治体、鶴岡田川は三分の一の自治体、京築田川は五分の一の自治体で推薦首長を持つ。

推薦市町村議会議員を組織範囲のすべての自治体で持っているのは中濃、尾張中、津、福山の四地協である。鶴岡田川も四地協に並ぶ（推薦していない庄内町議二人とも友好関係にある）。京築田川は四割、外房は四分の一となる。推薦市町村議数は尾張中、京築田川の一三人が最も多く、次いで鶴岡田川地協が六人（荘内町議を含めれば八人）、中濃、津、福山の三地協が五人、外房が四人である。地区選出の県議会議員については外房を除く六地協が二人、三人の県議を有する。

七地協は、総じて、推薦首長と地区選出県議については地協平均を上回り、推薦市町村議については地協平均に近い五地協と、平均を上回る二地協に分かれる。

七地協も推薦首長や議員と良好な関係を築き、維持するための活動に同じように取り組んでいるが、ここでは、議員との関係で何をしているのかを具体的に見ていこう。

鶴岡田川地協は八人からなる地協協力議員団（県議二人、市議五人、町議一人）を組織している。定例議会の一カ月前に、協力議員団と懇談会（年四回）を開催している。懇談会のねらいは「①各協力政党における政策や、具体的方針・活動等の紹介・報告の提案、②各議員における年間を通じた活動状況や、定例議会ごとの重点課題等の報告、③各産別、各単組からの情報提供と推薦議員に対する要望、④日頃から情報交換（提供）できる環境整備と、パイプの強化」である。議員と地協、単組との情報交換を密にし、議員に対する地協の影響力を高めることを目的としていることがわかる。地協役員だけでなく、単組役員もこの懇談会に出席しており、地協側の平均出席者数は二〇一八年度で一五・八人である。

外房地協の推薦市議は四人であるが、幹事会に出席するよう要請し、議員の活動報告会を年に一回開催している。二〇一九年度には地協側から二五人が報告会に出席している。推薦議員には政策制度要請の策定の際に協力を求める他、自治体要請に関しても連携している。外房地協で特徴的なことは労使懇談会（使用者団体、経営幹部、推薦議員、首長、地協幹部、単組役員が出席）の開催であるが、これについては「4　使用者団体」で詳しく述べる。

中濃地協の推薦議員団は七人からなる（県議二人、市議五人）。推薦議員団とは二〇一七年度より、年に一回、「政策を語る会」という意見交換会を持つようになった。二〇一八年度では地協役員、構成組織代表者に議員を加えて二〇人が出席し、働き方改革、超高齢社会に関する政策についての議論を交わしている。「地協として政策を作る段階で情報がもっと欲しい。幹事会のメンバーや議員と意見交換をして、行政の生の声を聞こうとしている」のである。

尾張中地協は一八人からなる政策推進議員懇談会を組織している（衆議院議員二人、県議三人、市議一二人、町議一人）。政策推進議員懇談会は年に四回の連絡会と一回の総会を開催している。連絡会の主たるねらいは、地協事務局長から懇談会メンバー議員に街宣行動、政策制度要請行動等の計画を伝え、協力を依頼することにある。総会の議題は年間の活動報告と次年度の活動計画である。この議員懇談会と尾張中地協の政策委員会との合同会議が年に一回開催され（二地区に分かれて、別々に開催される）、政策制度要請を行政に提出する際に持たれる行政懇話会（後述する）へ臨む方針の検討や、連合愛知全体の政策推進議員懇談会の活動報告が行われている。合同会議には六〇人ほどの単組役員も出席している。

津地協は初春に津地域フォーラム、秋に単組代表者会議を開催し、その場に推薦の国会議員、地区選出の県議、市議、市長が招かれ、活動報告が行われる。報告会の後に組合員との交流会が催される。「地協の加盟組合すべてに声を掛け、組合役員が六〇から七〇、時には八〇人くらい集まる」。二〇一八年度の津地域フォーラムには六八人、単組代表者会議には六五人の単組役員が出席した。

福山地協の推薦議員団は七人（県議二人、市議五人）からなる。定期的な活動報告会を開いているほか、毎年七月に開催される「福山市長を囲む会」（後述する）に地協役員、単組役員と並んで推薦議員団のメンバーも出席する。

京築田川地協議員懇談会は推薦市町村議一三人からなる。議員による活動報告は三つの地区に分かれて秋に行われる。京築田川地協で特徴的な会合は、二月から三月に地区ごとに開催される労働行政懇談会である（詳細は後述する）。自治体に提出した政策制度要請の回答内容を、自治体ごとに横並びで提示し、行政、地協の役員が話し合う場である。ここに議員懇談会のメンバーも出席する。

以上をまとめると次のことが言える。ほとんどすべての地協が選挙活動に取り組んでいる。その成果として七割の地協が推薦首長（平均一・五八人）、九・五割の地協が推薦市町村議員（平均七・三五人）、七・五割の地協が地区選出の県議会議員（平均一・八六人）を持っている。予想を超える数字だと言ってよい。七地協は総じて平均を上回る成果をあげている。地協内部の結束をさらに強めることによって、首長数、議員数を増やすことができる。

八割前後の地協が懇談会や活動報告会の開催、地協総会や幹事会、季節の行事への招待などを通じて、推薦首長、推薦議員とコミュニケーションを図り、良好な関係を維持しようとしている。七地協の事例からも、議員団と情報交換を積極的に図り、議会の場で地協の要望に応じた発言をしてもらうよう、また、政策制度要請策定と要請行動への協力を獲得しようと努力していることがわかる。推薦首長、議員数を増やし、彼らの積極的な協力を得ていくことを通じて、議会や行政における地協の影響力、発言力をさらに高めることができる。

3 自治体

自治体の部局と意見交換を図っている地協は一四九組織、五割である。このうち、組織範囲にある自治体すべてと意見交換を行っている地協は六六組織、特定の自治体だけの地協は八三組織となる。前述したように推薦首長を持つ地協は七割、推薦市町村議を持つ地協は九・五割である。単純に考えれば、彼らの協力を得ることによって、自治体部局との意見交換の場を設けることができるように思える。そう考えれば五割は少ない。なお、自治体部局との意見交換の有無は地協規模と相関する。五〇〇〇人未満が三〇％、一万人未満が五〇・六％、二万人未満が五九・四％、二万人以上が六九・九％となる。

自治体との関係を七地協の事例で具体的に見よう。鶴岡田川地協は後述するように、政策制度要請に関して鶴岡市長と懇談を行なっているが、それとは別に市長との意見交換の場を持っている。機関紙によれば、地協四役が「……市長を訪問し、地域の企業を守り、労働者の雇用を確保することなど、連合地協の取り組みに理解を求めました。また、労働団体主催の旗開きや地区メーデーへの出席、労福協主催による勤労者と語る会の実施などの要請を行い、……市長は日程調整により、要請に応えられるようにしたいとの意向をしめしました」。鶴岡市に設けられている審議会、委員会に鶴岡田川地協は委員を派遣している。現在、鶴岡市総合戦略策定推進会議、市総合計画審議会企画委員会を含む四つの委員会などに、専従事務局長は委員として出席しており、商工会議所会頭、スーパーの社長、山形大学教授、山形新聞支社長、銀行の支店長などの中で「労働者の代表として」意見を述べている。

外房地協は前出の労使懇談会に首長も招いている。また、まち・ひと・しごと創生総合戦略会議など、三市一町に委員を派遣し、労働者代表として、自治体施策に地協としての意見反映を試みている。

中濃地協は三市長との政策懇談会を年に一回設けている。この場では、年末の政策制度要請が市の施策にどのように取り入れられたのかを含め、新年度の行政の重点施策に関して市長本人が直接説明し、その後に地協側との意見交換が行われる。機関紙によれば「市長からは、今年度における関市の重点施策について、非常にわかりやすく説明をいただきました。特に昨年起きた災害への復興計画や今後の対策、さらにまちづくり計画や教育についても、熱く語られました」とある。各市の単組役員、地協役員が一〇人から二〇人参加する。中濃地協も三市の審議会、委員会など（合計で七）に主として事務局長を委員として派遣している。委員派遣は意識的に追求されており、「審議会では具体的な意見反映ができるので、意味があると思っています。……市町村レベルにも審議会があるので、ここに労働者団体代表ということで地協から人を出していけば、政策実現のための一つの具体的な手段になる」。

尾張中地協は二地区に分かれて、行政懇談会を秋に開催しているが、その場で、各地区の市町長に政策制度要請書を手交し、その後に市町長、自治体幹部と地協側のメンバーが意見交換を行っている。地協側からは各地区代表、事務局長、幹事、推薦議員が出席する。尾張中地協も四市一町に設置されている審議会、委員会など（合計一六）に事務局長、地協三役などを委員として派遣している。

津地協は前述したように津地域フォーラム、単組代表者会議に津市長を招き、活動報告、意見交換を行っている。津市の四つの審議会に事務局長を委員として派遣している。

福山地協は「市長を囲む会」を毎年、夏に開催している。前半では政策制度要請への市側の回答についての再質問と応答、後半では市長が市の将来ビジョンを語るという構成になっている。市側は市長のほか、局長、部長が出席し、地協側は幹事会メンバー、単組役員、推薦県議、推薦市議が出席する。参加者は合計で一〇〇人を超える。福山地協も福山市総合戦略推進懇談会など七つの審議会、委員会に事務局長を委員として派遣している。

京築田川地協の労働行政懇話会は三つの地区に分かれて初春に開催される。政策制度要請に対する各自治体の回答をすべて提示し、回答内容について行政、地協、地協議員懇談会メンバーで話し合う場である。ねらいは「自治体施策の比較」であり、行政施策の上位平準化である。「同じ政策制度要請であっても、自治体によって回答が全然、違ったりします。これを他の自治体も含めて比較することで」、相互に改善していくことをねらっている。七年前から開催しているが、徐々に、出席者は増えているという。「安心、安全、安定した社会を作りたい」という「私たちの考えが理解されるようになってきたからだと言う。京築田川地協でも自治体の審議会、会議などへの委員派遣は意識的に追求されている。現在は一市、二町の地方創生会議などに委員として事務局長が参加している。「しっかりと準備をして発言して、良い印象を持ってもらうよう努めています。そうすれば顔つなぎができますし、労働行政懇話会にも来てもらえます。……ある会議では行橋商工会議所の専務理事と一緒なのですが、春闘時の経営者団体への要請書もすんなり受け取ってくれます」。

以上をまとめると次のことが言える。自治体部局と意見交換を行っている地協は五割である。推薦首長の七割、推薦市町村議の九・五割から見ると、さらに増やせる数字である。七地協は、それぞれ工夫をしながら、首長や自治体部局との意見交換の場を設けている。そこには地協役員だけではなく、単組役員も参加することが多い。他方、自治体の審議会などへの委員派遣にも積極的である。こうした試みによって、地協の行政への影響力、発言力を高めることができる。と同時に、地協幹事、単組役員は行政施策への地協の意見反映の実際を見ることができ、地協の力を実感する。そして、この実感は「結束を強める」ことにつながる。

4　使用者団体

春季生活闘争時に使用者団体に要求申し入れを行った地協は五九組織、二割である。春季生活闘争時以外で、使用者団体と意見交換を行った地協は二七組織、一割である。また政策制度要請を使用者団体に提出した地協は三三組織、一割である。これら三つの行動のうち、一つ以上を行った組織は七三組織、四分の一となる。推薦首長、推薦議員の擁立、彼らとのコミュニケーションの構築、自治体部局との意見交換と比較すると、使用者団体との間で関係を構築できている地協は少ない。四分の三の地協は、まずは首長や議員そして自治体との関係構築に力を注ぎ、その上で、地域での労使関係の構築に乗り出すという戦略を取るべきかもしれない。

なお、地域での労使関係の構築は、専従者の単組訪問頻度と相関する。未訪問が一九・六％、一割～四割が二三・八％、五割以上が三二・六％である。単組訪問頻度が専従者の努力の程度を表わすとすれば、その努力は地域での労使関係の構築でも実を結んでいるといえようか。

七地協のうち、使用者団体との間で何らかの関係を構築できているのは、外房、津、京築田川の三地協である。詳しく見ていこう。

外房地協の三地区連のうち長生茂原地区連は、同地区労使懇談会を年に一回、初春に開催している。労使懇談会の設置は連合結成以前であり、二〇一九年には第三二回を数えている。出席者は同地区の使用者団体、企業（加盟組合のある）の経営幹部、七人の首長、推薦県議、推薦市町村議、地協からは地区連絡会幹事、単組役員である。特にテーマを決めて議論するということではなく、普段、会う機会のない人々（政、労、使）を集めて、フランクに話し合う場のようである。そういう場を地協が設定することに意義がありそうだ。二〇一九年度は六九人が参加した。

津地協は、他の九地協とともに、連合三重の要請を受けて、地元使用者団体と話し合いの場を設けている。津地協は春季生活闘争時およびそれ以外の時期に地元の津商工会議所と意見交換を行っている。いずれの時期も、組合活動への理解、労働諸条件の引き上げ、地元新卒者の就職状況改善、Uターン、Iターンの促進など地元就職の活性化、公契約条例制定への理解促進等を申し入れている。

京築田川地協は、連合福岡の要請を受けて、他の地協と同様に、連合福岡・中小共闘センター代表者との連名で、行橋商工会議所、苅田町商工会議所を訪問し、「春季生活闘争に関わる」要請書を提出している。

以上のように、地域で使用者団体との関係を構築できている地協は四分の一と少ない。まだ構築できていない四分の三の地協は、推薦首長、議員の確保・増員、良好な関係の構築、自治体部局との意見交換の場の設定などに力を注ぎ、そのうえで（もちろん、これらの活動で既に十分な成果をあげていれば直ちに）、地域での労使関係の構築に進むことが望ましい。外房地協に見るように、その構築には時間がかかるかもしれないし、また津や京築田川地協から読み取れるように、地方連合会の強い後押しが必要なのかもしれない。

5　まとめ

地協が発揮しうる「力」は、条例を制定し、予算を決定する議会、行政施策を実施し、予算を執行する自治体、地域における労使関係の当事者である使用者団体に対して行使される。

そのために必要な第一歩は、自らのビジョン、方針に賛同する首長、議員を確保し、増やすことである。推薦首長で七割、推薦議員で九・五割という数字は、多くの地協が第一歩をしっかりと踏み出していることを示している。次に首長、議員と良好な関係を築き、維持することが必要となる。八割が二歩目も歩んでいる。七地協の事例からその具体的な様相を理解できる。一歩、二歩を歩む地協をさらに増やすこと、そして歩幅を大きくする（推薦首長数、議員数を増やし、彼らとの信頼関係の質を高める）ことが、「力」をさらに高めることにつながる。

自治体部局と意見交換を行っている地協は五割とやや少ない。推薦首長の七割、推薦市町村議の九・五割から見ると、さらに増やせる数字である。三歩目に踏み出す地協を増やすことはできる。七地協の事例から、地協は自治体の審議会などへの委員派遣にも積極的であることがわかる。意見交換の場の設定、審議会などでの発言を通じて、地協のビジョン、方針を自治体へ伝えていくことができる。これもまた地協の「力」を高めることになる。自治体部局との意見交換の場には、地協役員だけではなく、単組役員も参加することが多い。単組役員は行政施策への地協の意見反映の実際を見ることができ、地協の力を実感し、そのことは翻って「結束を強める」効果を持つ。

地域で使用者団体との関係を構築できている地協は四分の一と少ない。地域での労使関係の構築は、地協の交渉力、発言力の向上に資することは間違いない。ただ慎重にすべきだろう。三歩までを確実に歩んだ上で、新たな一歩を踏み出すことを考えるべきだろう。その際、地方連合会の後押しも必要になるかもしれない。
こうして高められた「力」を社会を変えるためにどのように使ったらよいのか。

第4章　地域から変える

1　はじめに

強い結束、高められた力を自らのものにして、ようやく社会を地域から変えていくことができる。この章では労働相談、生活相談、組織拡大、街頭宣伝行動、政策制度要請を見ていく。

2　労働相談、生活相談と組織拡大

労働相談、生活相談のどちらか一つ、あるいは両方を行なっている地協は一九一組織、七割である。すべての地方連合会は「なんでも相談ダイヤル」を開設しているが、七割の地協も「労働相談、生活相談を受ける」という看板を出しているということだろう。残りの三割が相談を受けないということは考えられない。

相談内容は雇用終了（一六五組織）、賃金問題（一五三組織）、労働時間（一二八組織）、ハラスメント（一三一組織)、組合結成(九〇組織)などが多い。こうした相談の多くは、労働組合がない職場で働く労働者からのものである。『地域を繋ぐ』は、ある地協の労働相談キャンペーンの様子を紹介している。

窓口で労働相談を受ける地協役員は「相談内容が自分の単組の組合員からの相談とは全く異なることに驚くことが多い。『有給休暇の取得を申請したら、経営者からうちにはそんな制度はないと言われた』、『就業規則がない』、『給料が三カ月間支払われていない』、『一週間の休暇の後、出社したら、明日から来なくてよいと言われた』など、単組役員の感覚からすると想像のつかない、『ありえない』ことを相談される」[1]

こうした対応を繰り返すなかで、地協の役員たちは未組織労働者が置かれている状況を理解し、彼らを仲間にする必要性、社会を少しでも変えていくことの必要性を感じることになる。そして、相談者の悩み事がちょっとずつ解決していくならば、それはほんの少し社会を良くしたことになる。

労働相談から組合結成へとつながることはそう多くはない。とはいえ、組織拡大に取り組んでいる地協は一四七組織、五割である。地域ユニオンのある地協は八〇組織、三割である(ただ、二〇一六年九月現在で組合員のいるユニオンを持つ地協は六九組織)。

七地協の組織拡大の取り組み内容を見てみよう。連合山形には組織拡大委員会が設置され、年に二回の組織拡大月間が設けられている。鶴岡田川地協は二〇一八年度に組織対策委員会を設置したが、連合山形の組織拡大委員会との連携は特にないようである。鶴岡田川の委員会は議長、四人の副議長(一人が委員長)、事務局長、事務局次長の七人からなる。取り組み内容として一〇〇〇万連合の意識の共有、労働相談の実施が挙げられている。組織化対象企業のリストアップ、企業訪問などは少なくとも現在までのところ、行われていないようである。地協にはれんごう山形ユニオンの鶴岡支部（組合員一五人）があり、地協事務局長がユニオン事務局長を兼ねている。「労働相談が来た場合、ユニオン加盟を勧めて、闘いますか」ということになる。

連合千葉にも組織拡大委員会が設置されており、各地協の専従事務局次長がそのメンバーとなっている。連合千葉、構成組織、組織拡大アドバイザーが連携して組織拡大に取り組み、地協は「企業オルグの足掛かりとなる地域企業の情報を収集し、組織拡大アドバイザーなどと連携して連合未加盟組織の組織化をはかる」とされている。組織拡大に資する情報収集と伝達が地協の主たる役割とされている。

連合岐阜は二〇一四年度から構成組織、地協と三位一体で組織拡大に取り組んでいる。二人のアドバイザーが労働相談と組織拡大を担当している。この他に、シニアスタッフ（以前、アドバイザーを務めていた）三人が岐阜、西濃、飛騨の三地協に登録されている。彼らに期待される役割は組織拡大に関するアドバイスである。連合岐阜は地協役員を対象に、毎年、オルガナイザー研修を開催している（午前中は講義、午後は飛び込みの企業訪問）。また、労働相談会を各地協で開き、そこからの組織拡大もねらっている。それに加えて、各地協に対して訪問リストの作成、企業訪問を求めている。中濃地協も労働相談からの組織化、企業訪問に取り組んでいる。

連合愛知、傘下の各地協には、いずれも組織拡大委員会が設置されており、地協専従事務局長が連合愛知と自組織の委員会のメンバーを兼ねている。連合愛知、構成組織、地協が連携を図りながら組織拡大を進めており、この活動を支援するために三人のアドバイザーが配置されている。各地協は組織拡大計画、組織化ターゲット一覧などを作成するよう求められている。尾張中地協のターゲットリストには、現在、八企業が掲げられており、連合愛知の組織強化月間に合わせて二人一組で定期的に訪問している。

連合三重も三位一体で組織拡大を進めている。報告書には「通年の活動として、『組織拡大対象リスト』をもとに地協専従者を中心に三位一体行動（構成組織・地協・連合三重）として未組織・未加盟組合を定期訪問しながら、情報収集に努めてきました」とある。地協の専従事務局長がこの運動の主役に位置付けられ、各地協には地元企業への定期的な訪問、未加盟組合への対応が求められている。津地協専従事務局長も連合三重の求めに応じて、アドバイザーとともに、定期的に企業訪問をしている。

連合広島でも構成組織、地域ブロック、地域協議会と連携を図り、組織拡大の取り組みを進めている。連合広島には四人のアドバイザーが配置され（うち二人は福山地協）、労働相談と組織拡大を担当している。

連合福岡の組織拡大推進委員会は構成組織の担当者、地協事務局長をメンバーとしている。活動報告では「連合福岡・構成組織・地域協議会が、組織化ターゲット、企業内未組織労働者、関係・関連会社へのアプローチ、労働相談からの組織化対応など、相互に連携を取り合いながら取り組みを進めてきた」とある。京築田川地協の幹事会では組織拡大が議題になることが多い。事務局長によると「幹事会では、組織拡大につながる情報は何かないですかというのを毎回、確認しています。そうすることによって、幹事会のメンバーも組織拡大の必要性についての関心を失わずに、継続して持ってもらえますから」。

組織拡大に取り組んでいる地協は一四七組織、五割である。七地協はいずれも組織拡大に取り組んでいる。地協専従者が定期的に企業訪問しているのは中濃、尾張中、津の三地協である。組織拡大は地道な努力と時間がかかる取り組みであり、すぐに成果が上がるというものではない。地方連合会、地協が有する資源に応じて、いくつかの選択肢があってよい。地方連合会、構成組織と三位一体となって、地協が主体的に組織拡大に取り組む、あるいは組織拡大につながる情報収集と報告に力点を置く、またはその中間で、三位一体で取り組むが、どちらかといえば後方支援に重点を置く。

いずれの選択肢を採るにせよ、組織拡大は連合全体にとって重要な課題であるとの認識を、地協内部少なくとも幹事会メンバーに持たせるよう常に努力する必要はあると思う。組織セクターに未組織労働者を誘いこむことによって、彼らの労働諸条件の向上、雇用の安定を実現することができるようになる。それは社会を良い方向へと少し変えることである。同時に、仲間を増やすことによって、推薦首長、推薦議員を一人でも増やすことができれば、地協の「力を高める」ことにもつながる。

3 街頭宣伝行動

街頭宣伝行動を行っている地協は二五一組織、九割である。最低賃金、長時間労働、男女平等社会、ワーク・ライフ・バランス、人権問題、平和運動など、幅広い視野で社会問題、労働問題を捉え、広く市民を啓蒙していくとともに、問題解決に取り組む姿勢を訴えること、これが街頭宣伝行動のねらいの一つである。連合は何を目指しているのか、どんな社会を実現しようとしているのかを直接、市民に訴えかける、したがって連合の顔を見せる行動である。

七地協の街頭宣伝行動を見ていこう。鶴岡田川地協では、街頭宣伝行動の年間計画を予め立てているわけではない。とはいえ、二カ月に一回くらいは街宣行動を行っている。街宣行動で話すテーマは春闘方針、最低賃金、労働相談、あるいは選挙などである。話す内容には一工夫も二工夫も施されている。たとえば次のようである。「山形県の最低賃金はこの一〇月から七九〇円になりました。自分の給与明細を見て七九〇円未満だったら、連合に相談に来てください。またコーラはどこで買っても一六〇円なのに、最低賃金は県によって違う、おかしいとは思いませんか」。労働相談キャンペーンでは「パワハラ、セクハラ、長時間労働で悩んでいるならば連合に相談に来てください」。選挙では「推薦議員に投票してくださいではなく、選挙に行こう、一票を投じないと社会は変わらないとアピールする」。話すのは議長、副議長が多い。推薦市議、時には推薦国会議員も来るので議員にも演説してもらうこともある。

外房地協では、連合千葉が街頭宣伝行動年間計画を立て、それに沿って街宣行動が定期的に行われている。外房地協は広域地協であるため、実際の街宣行動は三つの地区ごとに実施される。二〇一九年度は各地区で、年間五回の街宣行動が行われた。一〇月は改正最低賃金の周知、一一月、二月、五月は全国一斉労働相談（テーマはそれぞれ「働きすぎていませんか」、「働きすぎにレッドカード」、「職場で悩むあなたをサポートします」）である。二月には春季生活闘争周知キャラバンとして街宣車による街宣行動を三地区で行い、午後六時に茂原駅前で街頭演説を行った。

「街宣は顔の見える運動なので、これはきっちりとやっていこうと連合千葉事務局長の旗振りもあって。今年から36（サブロク）の日を追加という要請をもらっている」。とはいえ、悩みも少なくない。駅前での街頭演説は乗降客が多い朝の六時半からとなる。地区によっては街頭演説ではなく、ポスティングで対応せざるをえないところもある。話すのは地協役員であるが、連合千葉の役員、推薦県議、推薦市議に依頼することもある。

連合岐阜は毎月五日に街頭宣伝行動を実施することを基本としている。各地協には二カ月に一回、連合岐阜が予め定めたテーマで街宣行動を行うよう要請している。中濃地協が二〇一八年度に行った街宣行動のテーマは、「最低賃金、全国一斉労働相談ダイヤル、ディーセントワークの実現」（一二月）、「全国一斉労働相談ダイヤル（非正規労働者向け）、春季生活闘争、クラシノソコアゲ応援団」（二月）、「クラシノソコアゲ応援団、春季生活闘争（中小地場の取り組み）、メーデー」（四月）、「全国一斉労働相談ダイヤル（女性）、男女平等月間、クラシノソコアゲ応援団」（六月）、「勤労者なんでも相談（面談）、クラシノソコアゲ応援団」(九月)である。九月の「クラシノソコアゲ応援団」は街宣車による行動(テープを流す)であったが、それ以外は街頭で、議長、副議長、推薦議員が演説を行っている。幹事会メンバーはティッシュやチラシ配りを担当するが、現在では街頭で配ることより、ポスティングすることが増えている。人が集まる場所が限られているからである。

連合愛知は街頭宣伝行動年間計画を策定し、それを各地協に提示している。議案書によれば「連合が求める政策や男女平等参画の取り組み、平和行動などの活動を幅広く県民に訴えるため、連合愛知街宣行動年間計画を策定し、地協と連動して月一回を基本とした、街頭宣伝行動を県下各地域で実施する。

尾張中地協はこの計画に沿って、年に一一回、街宣行動を行っている。街宣行動を行わないのはメーデーがある四月だけである。テーマは「クラシノソコアゲ応援団」、「全国一斉労働相談ダイヤル」、「国際女性デー」、「連合愛知の政策実現に向けた取り組み」、「女性のための労働相談ホットライン」、「改正最低賃金」、「災害緊急カンパ」、「交通安全県民運動」である。三つの駅前での街宣となるが、多くの場合、連合愛知の作成したテープを流し、地協役員、推薦議員がティッシュ、チラシを配る。尾張中地協では、これ以外に、街宣車による街宣行動も年に三回行っている。

連合三重は各地協に街頭宣伝行動を連携して行うよう求めている。すべての地協が同じ時期に同じテーマを掲げて行う統一街宣行動と地協独自に行う街宣行動がある。後者であっても地協独自でテーマを決めるわけではなく、連合三重と連携しながら進める。二〇一八年度では統一街宣が五回、津地協独自街宣が二回予定されていた（独自街宣の一回は台風のために中止となった）。統一街宣のテーマは「春季生活闘争」（二月）、「国際女性デー」（三月）、「男女平等・全国一斉労働相談」（六月）、「改正最低賃金」（九月）、「改正最低賃金、ディーセントワーク」（一〇月）であり、地協独自街宣テーマは「クラシノソコアゲ応援団！『ストップ長時間労働』」（四月）、「クラシノソコアゲ応援団！『医療・介護・奨学金』」（中止）である。津駅前で演説をするのは、地協役員、推薦議員である。ティッシュ、チラシの配布も彼らが行う。

福山地協は連合広島の運動方針に沿って、街頭宣伝行動を実施している。二〇一九年度には五回の街宣行動を行った。テーマは「全国一斉労働相談ダイヤル」、「連合広島『Action！36』」、「改正最低賃金」である。福山地協の街宣行動は、基本的には街宣車によるもので、連合広島が作成したテープを流しながら地協管内を回る。とはいえ、五回のうち四回は福山駅前での三〇人の地協役員によるティッシュ、チラシ配布が行われている。

福岡でも、連合福岡が街頭宣伝行動の計画を企画、立案し、地協が実施するというのが基本である。春闘、年三回の全国一斉労働相談、そのほか、労働関係の法律改正やイベントに合わせて街宣行動を行っている。

京築田川地協は三つの地区連ごとに街頭宣伝行動を年に五回、実施している。二〇一九年度では「全国一斉労働相談ダイヤル」が二回、「クラシノソコアゲ応援団」、「改正最低賃金」、「Action！36」がそれぞれ一回である。ただ、駅前（行橋駅）での街宣行動を行っている地区連は一つだけである。

この行橋駅前街宣では地協事務局長が地区連の役員二〇人とともにティッシュ、チラシを配布する。行橋駅前街宣以外は、地協事務局長が一五の自治体を回って、ティッシュ、チラシを個別にポスティングしている。多数の社会人が乗降する駅が他にはないからである。「連合福岡から支給される二〇〇〇のティッシュ、チラシのうち一〇〇〇を、三日かけてアパート、市営住宅、町営住宅に配ります。そうしないと連合の認知度は上がらないと思うんです。もう七年やっています」。

以上のように、街頭宣伝行動を行っている地協は二五一組織、九割である。組織拡大活動がすぐに成果に結びつかないように、街頭宣伝行動も一般市民の反応がすぐに返ってくるわけではない。立ち止まって、演説に真剣に耳を傾けてくれる市民は多くはない。もちろん、連合のメッセージをこめたチラシやティッシュを受け取ってくれる市民は多いであろう。

反応がどうであれ、社会問題、労働問題に関して市民を啓蒙し、その上で、連合はどんな社会を目指すのかを説いていくことは重要なことである。教え諭すのではない。同じ考えを持つ仲間を増やしていくことなのだ。仲間が増えれば、社会を徐々に変えていけるようになる。連合の強みは全国各地で、こうした運動を行っていけるということだ。

4　政策制度要請

組織範囲にある自治体に政策制度要請を行った地協は二〇七組織、四分の三である（未実施六一組織、不明一三組織）。組織範囲のすべての自治体に要請を行った地協は一三一組織、全体の五割弱、過半数の自治体に要請が三六組織、半数未満が四〇組織である。推薦首長を持つ地協は七割だったことを考えれば、四分の三は評価してよい数字である。だが、政策制度要請は、地協が社会を変えていくための最も重要な手段である。推薦議員（九・五割の地協が持つ）の力を借りて、さらに推薦首長の数を増やして、四分の三を引き上げていく努力が望まれる。

政策制度要請を策定するうえで、参考にしたものは（複数回答）、地方連合会の要請書のひな型（一八五組織）、産別役員、単組役員の意見や助言（一四五組織）、議員の意見や助言（一四四組織）、一般組合員の意見や助言（七九組織）、地方連合会の担当者の意見や助言（七四組織）である。

政策制度要請の方法を見よう（複数の自治体に要請した場合、方法が異なる場合があり、合計すると二〇七を上回る）。自治体に政策制度要請を行った二〇七地協のなかで「首長と面会し、要請書を直接提出した」のは一七八組織、全体の六割である（首長と面会しない組織は二四組織、不明が二組織）。「副市長などと面会し、要請書を直接提出」は八二組織、「部局長と面会し、要請書を直接提出」は七三組織である。最も有効な方法は「首長面会＋直接提出」である。六割を引き上げる努力が求められる。

地協要請への自治体の回答方法を見よう（複数の自治体から回答を得た場合、方法が異なる場合があり、合計すると二〇七を上回る）。「回答文書が郵送で送られてきた」が一〇三組織、「直接面会して文書によ る回答を受け取った」が九九組織、「直接面会して口頭で説明を受けた」が三七組織、その他が一九組織である。自治体側の最も誠実な対応を示すのは「直接面会＋文書回答」である。これが九九組織であり、要請書を提出した二〇七組織の五割、二八一の三分の一である。ここでも地協の力をさらに高め、誠実な対応する自治体を増やしていくことが必要である。

七地協の事例を見ていこう。

表4－1は七地協が政策制度要請を行っている自治体数を示す。

鶴岡田川地協、外房地協を除く五地協が組織範囲にある自治体すべてに政策制度要請を行っている。とりわけ三市、一一町、一村すべてに要請を行っている京築田川地協が目立つ。同じく自治体の多い外房地協にしても、一七自治体のうち一一自治体に要請を行っている。七地協を傘下に治める地方連合会は、いずれも、すべての地協に組織範囲とする市町村に政策制度要請を行うよう求めている。

表4-1　政策制度要請書を提出している自治体

	政策制度要請	組織範囲
鶴岡田川地協	1市	1市2町
外房地協	5市5町1村	6市10町1村
中濃地協	3市	3市
尾張中地協	4市1町	4市1町
津地協	1市	1市
福山地協	1市	1市
京築田川地協	3市11町1村	3市11町1村

鶴岡田川地協は、連合山形の要請書を参考にしつつ地協独自の要請を加味して、要請書を策定し、一〇月下旬に鶴岡市長に手交している。提出後に市長側と懇談する場が設けられている。これとは別に、前述したように、地協四役による市長への申し入れが行われている。

連合千葉は地協政策担当者会議を開催して、政策制度要請の策定から提出までのスケジュール、提出基準、連携要望項目などについて協議し、定めている。ここで提出基準とは、優先的に政策制度要請を行う自治体を定める基準である。推薦首長または推薦議員のいる市町村に対しては可能な限り要請に努める。その上で、どちらもいない市への要請、次いでどちらもいない町村への要請となる。自治体数が多く全ての自治体への要請が難しい地協（外房地協はこれに含まれる）については、最低限、一地区連内において一あるいは二自治体に対し要請を行うよう求めている。この場合、三から五年で一巡するように取り組むなど工夫する。

一体的に政策制度要請に取り組むため、連合千葉は上記地協政策担当者会議の他、政策討論集会、地域政策担当者研修会を開催している。外房地協はこうした会議での議論を踏まえて「連合千葉の政策制度要求方針と内容に沿って、地協・地区連絡会の各政策委員会および推薦議員団と充分な検討と議論を重ね、地域に働く勤労者・生活者の観点から政策課題の改善に向けた意見反映」を行う。要するに連合千葉の政策制度要請をもとに、地協内部の議論を踏まえて独自要請を追加して、地協としての政策制度要請を策定する。この要請書を一一の自治体に提出する。

要請への回答は文書で受けている。回答の確認については「回答書をもらって、こちらの要請に対してどういう回答が寄せられたかをチェックしたり、あるいは議会での議事録を見ながら確認をしたりします」。

連合岐阜は二〇一二年度から各自治体への政策制度要請行動を本格化させ、二〇一八年度から統一項目（取捨選択可能）＋地協独自項目という形で政策制度要請を行うよう地協に求めている。中濃地協は連合岐阜の統一項目（七つ）の一部を取り入れながら、地協独自の項目を加えている。「市への要請というのは、マクロ的なことよりも、具体的なことが求められていると思うので、その辺を意識しながら作っています。たたき台を作って、それを幹事会で議論し、また『政策を語る会』で議員と話し合いながら作り上げています」。

要請書は、一二月に三市の市長に直接、手渡している。回答は翌年二月から三月にかけて文書で受け取る。その後、前述したように、八月に市長との行政懇談会が開かれ、中濃地協の要請がどのように活かされたのかなどについての説明を受ける。

連合愛知では、統一要望項目を地協に示し、それに独自項目を加えるよう求めている。また、各地協が市町村に提出した政策制度要請書を連合愛知に提出するよう求めている。独自項目は市町村ごとに異なり、具体的内容は尾張中地協の議員懇談会、政策委員会と議員懇談会の合同会議の場などで決められる。

政策制度要請書は各地区で一一月に開催される行政懇話会の場で、四市一町の首長にそれぞれ手交される。その後、地協役員、政策推進議員と首長との懇談が行われる。回答は翌年の三月末から四月末に文書で受け取る。

連合三重では、各地協の政策制度要請は連合三重の要請を取捨選択しながら地協独自の要請書が策定される。津地協は、それに加えて「市職、三重教組の津支部、県庁にも聞いて、三役、幹事と意見交換をしてまとめている」。要請書は二月に津市長に直接、手渡し、その後、文書で回答を得ている。

福山地協の政策制度要請は地協の独自性が強く、他の事例と異なる。中心は地協内に置かれた政策制度委員会である。委員会は四人の幹事会メンバー（副議長が委員長）と八人の委員（構成組織選出）の一二人からなる。総括の委員長、専従事務局長の二人を除く一〇人の政策委員には担当分野が割り当てられる。一〇人は医療福祉（一人）、雇用労働（二人）、経済行政（二人）、教育平和人権（一人）、資源環境（二人）、交通国土（二人）をそれぞれ担当する。福山地協の政策制度要請は「地域色が強い。非専従が多いのだけれど、みんな頑張ってくれて、よくやってくれます。福山市のホームページをしっかりみて、政策制度の欠けているところ、問題などを探しながら、政策制度要請案を作成」している。

幹事会で確認された政策制度要請書は、一〇月に福山市長に手交され、一一月には文書で回答を受け取る。前述したように、七月に開催される「福山市長を囲む会」で、地協側の再質問に対する市側の回答が示され、その後に、市長が福山市のビジョンを語ることになっている。市側は局長、部長など幹部が出席し、地協側も役員全員、単組役員、推薦県議、推薦市議が出席し、総勢で一〇〇人を超える。

京築田川地協では、連合福岡の政策制度要請項目から事務局長が地域事情を見ながら取捨選択し、幹事会での議論を経て、地協としての統一要求が策定される。それが地区連に示されて、地区連独自の要求があれば、それが追加され、地区連の政策制度要請が策定される。

この要請書が一二月に一五の自治体に提出される。要請書の提出は地区連役員、地協議員懇の地元選出議員が行うが、地協専従事務局長はすべてに随伴する。二月には回答が文書で示され、それをもとに、前出の労働行政懇談会が開かれる。

京築田川地協で特筆すべきことは、組織範囲にある一五の自治体すべてに対して政策制度要請を行っていることである。推薦首長、推薦議員の両方あるいはどちらか一方がいるのは二市、五町である。どちらもいない一市、六町、一村にも政策制度要請を行っている。「最初は『何しに来たのか』という対応の自治体もありました。いや、一緒に地域を盛り上げたいんです、安心、安全、安定した地域づくりを一緒にやりたいんですと話して、理解していただいて、受け取ってもらえました」。

以上をまとめると次のようになる。政策制度要請を行った地協は二〇七組織、四分の三である。推薦首長を持つ地協が七割であることを考えれば、評価してよい数字である。だが、地協が自ら持てる力を発揮して社会を変えていこうとするならば、政策制度要請は最も重要な手段となる。政策制度要請を行っていない四分の一の地協、組織範囲の自治体すべてに政策制度要請を行っていない七六地協は推薦首長、推薦議員を増やすなど、「力」をさらに高めて、先行する一三一地協（組織範囲の自治体すべてに要請を行っている）に追いついていく必要がある。

要請方法で最も有効である「首長面会＋直接提出」は一七八組織、六割であり、自治体側の最も誠実な回答方式である「直接面会＋文書回答」は九九組織、全体の三分の一である。政策制度要請をすでに行っている二〇七組織で、最も有効な要請方法、最も誠実な回答方法を達成できていない地協は、この二つのハードルを乗り越えることが求められる。

七地協の事例から、地方連合会が傘下の地協に、組織範囲の市町村へ政策制度要請を行うよう強く求めていることがわかる。連合千葉のように政策制度要請の提出基準を定めているところもある。福山地協を除く六地協では、地方連合会の政策制度要請項目を取捨選択しながら、地協独自の要請項目を追加していくことで地協の政策制度要請を策定している。福山地協では、地協内に置かれた政策制度委員会によって福山市の地域事情を考慮した「地域色の強い」政策制度要請が策定されている。各地協の政策制度要請の具体的内容については「第Ⅱ部事例調査編」を参照して欲しいが、いずれも地域社会で暮らす労働者、市民の労働諸条件、生活条件の改善を求める内容である。

鶴岡田川、中濃、津、尾張中、福山の五地協では、政策制度要請書は首長に直接、手渡されている。七地協いずれにおいても回答は文書で受け取っている。

京築田川地協に見られるように、自治体の理解を得る努力と工夫があれば、推薦首長のいない自治体にも政策制度要請書を提出することは可能である。

5 まとめ

仕事や暮らしで悩みを抱える労働者や市民（未組織が多い）が、地協の労働相談、生活相談によって安心を得、少しでも彼らの悩みが解決されるならば、それはほんの少し社会を良い方向へと変えたことになる。

労働相談から組織拡大へとつながることはそう多くはない。とはいえ、組織拡大に取り組む地協は一四七組織、五割である。七地協はいずれも組織拡大に取り組んでいるが、地協専従者が定期的に企業訪問しているのは三地協であった。組織拡大への取り組みは、地方連合会、地協が有する資源に応じて、いくつかの選択肢があってよい。地方連合会、産業別組織と三位一体となって、地協専従者が組織拡大に積極的な役割を果たすケース、組織拡大につながる情報の収集と報告に重点を置くケース、その中間で、三位一体で取り組むが地協はどちらかといえば後方支援に比重をかけるケースなどである。

いずれのケースを採用するにせよ、組織拡大の重要性についての認識を地協内とりわけ幹事会内で共有していくことは必要である。未組織労働者をこちら側に取りこむことによって、彼らの労働諸条件を向上させ、雇用を安定させることは、社会を少しでも良くすることである。仲間が増えれば、地協の「力を高める」ことにもつながる。

二五一の地協が街頭宣伝行動を行っている。九割である。街頭宣伝行動をしたとしても、一般市民の反応がすぐに返ってくるわけではない。連合のメッセージをこめたチラシやティッシュは受け取ってもらえたとしても。反応がどうであれ、連合がどんな社会を目指すのかを説いていくことは重要なことである。同じ考えを持つ仲間が増えれば社会を徐々に変えていけるようになる。連合の強みは全国各地で、こうした運動を行っていけるということである。

政策制度要請は地域から社会を変えていくための最も重要な手段である。全国で二〇七、四分の三の地協が組織範囲の市町村に政策制度要請を行っている。推薦首長を持つ地協が七割であることを考えれば、評価してよい数字である。だが、ここに止まってはならない。推薦首長、推薦議員を増やすなど、「力」をさらに高めて、すべての地協が組織範囲のすべての自治体に政策制度要請を行うようにしていかねばならない。政策制度要請を行っていない四分の一の地協、すべての自治体には要請できていない七六地協の奮起が求められる。

要請方法で最も有効である「首長面会＋直接提出」は一七八組織、六割であり、自治体側の最も誠実な回答方式である「直接面会＋文書回答」は九九組織、全体の三分の一である。すでに政策制度要請を行っているが、この二つのハードルを超えられていない地協は、是非、挑戦して欲しい。

七地協の事例から、地方連合会が傘下の地協に、組織範囲の市町村へ政策制度要請を行うよう強く求めていることがわかる。七地協の政策制度要請のいずれも、地域社会で暮らす労働者、市民の労働条件、生活条件の改善を求める要請であり、社会を変えていく要請である。

1　中村圭介『地域を繋ぐ』一二四―一二五頁。

第5章　地域労働運動の可能性

日本の労働組合の基本は企業別労働組合である。どんな組織も長所もあれば短所もある。企業別労働組合も例外ではない。長所は、たとえば企業内で生じる労使関係上の課題を解決し、経営参加を進めることが容易であることが挙げられる。他方、短所としては、企業の外への関心が薄い、企業の内であっても正規従業員以外への配慮が欠けていたりすることなどがある。拙著『壁を壊す』[1]では後者の短所を克服していくチャンスがいま、企業別労働組合の目の前にあり、企業別労働組合のリーダーはこのチャンスを是非とも捕まえて欲しいと訴えた。

本書で論じたのは前者の短所を克服していく動きが、地方連合会、地域協議会の運動を通して、進みつつあることである。企業別労働組合から拠出される人と資金を活用して、企業の外へ顔を見せ、地域社会を変えていく可能性が広がっている。

連合が提唱する「地域に根ざした顔の見える運動」は、地域で働き、暮らす労働者や市民の抱える問題を解決することを目的とする。そのために地協は、彼らに直接働きかけて問題に対処するとともに、彼らの生活向上に結びつく政策制度を実現する必要がある。こうした行動は、社会をより良い方向へと変えていくことである。地協が行っている労働相談、生活相談、組織拡大、街頭宣伝行動、そして政策制度要請の実際を見ていけば、少しずつではあるかもしれないが、確実に社会を変えつつあることがわかる。もちろん、まだ不十分である。すべての地協のエネルギーがそこに向いているとは言えない状況にあることは認めなければならない。だが、可能性は目の前に広がっている。

社会を地域から変えていく。連合が目指す「働くことを軸とする安心社会―まもる・つなぐ・創り出す」を地域から築き上げていく。この道を歩むという決断が地方連合会、地域協議会の運動を担うリーダーたちに必要である。そうした決断があって初めて、社会を変えていく行動が生まれる。

決断と行動を支えるためには、まずは地協の結束を強めることが必要となる。幹事会を活性化し、単組訪問に積極的に取り組み、単組、組合員を運動に巻き込んでいく。

次のステップは、地協の影響力、発言力を高めることである。強められた結束によって、推薦首長、推薦議員を増やし、彼らと良好な信頼関係を築く。自治体部局や使用者団体との意見交換の場を構築する。こうした努力を積み重ねていくことで、地協の力を高めることができる。

強められた結束、高められた力が、社会を変えていくことを可能にする。この可能性を実現できるかどうかは、地方連合会、地域協議会の運動を担うユニオン・リーダーにかかっている。

1　本書は、新しく中村圭介『壁を壊す―非正規を仲間に　新装版』（教育文化協会、二〇一八年）として再版されている。

第Ⅱ部

事例調査編

第1章　鶴岡田川地域協議会

1　組織

連合山形には六つの地域協議会があり、そのすべてに専従事務局長と職員が配置されている。専従事務局長六人のうち五人は連合山形雇用、一人が構成組織からの派遣である。職員六人は連合山形が雇用している。

鶴岡田川地協は一市（鶴岡市）、二町（三川町と庄内町）を組織範囲とし、一五の構成組織、三二の加盟組織、四七七七人の組合員からなる。鶴岡田川地協の現在の議長は自治労から選出されている。議長以外に、副議長四人、事務局長一人、事務局次長一人、幹事一〇人がおり、この一七人で執行部を構成している。この他に、会計監査が二人いる。

現在の専従事務局長は交通労連の第一貨物労働組合の出身である。二〇〇四年から二〇一四年までは鶴岡田川地協の幹事も務めている。二〇一四年一一月三〇日に第一貨物を辞め、一二月一日に連合山形に採用されて鶴岡田川地協の専従事務局長に就任した。五七歳の時である。

2　機関構成

最高決議機関は総会である。代議員は連合総研調査票によると五六人であり、二〇一八年度では出席者は四一人である。執行機関として幹事会が置かれている。幹事会は毎月一回開催され、二〇一八年度の平均出席率は八二％である。連合総研調査票によると二〇一六年度の平均出席率は九九％であった。

鶴岡田川地協は決議機関、執行機関以外に補助機関として六つの専門委員会を二〇一八年度に設けた。政策検討委員会、組織対策委員会、賃金・時短対策委員会、高齢者退職者対策委員会、労働福祉対策委員会、広報・教宣委員会である。そのねらいは「連合地協の運動を補完・強化するため[1]」である。もっとも、委員会が何回、開催されたかについては確認できていない。**表1－1**に各委員会の任務とメンバー、取り組み内容を示した。

幹事会メンバーがいずれかの委員会に関与することになっている。委員会を通じて三役、幹事を地協運動へと巻き込んでいく体制を作り上げようとしていると思われる。

これらの専門委員会の他に女性委員会、青年委員会が置かれている。女性委員会は国際女性デー集会の企画、運営を主たる任務としている。女性委員会の役員は八人、年五回開催され、平均出席率は九五％と高い。後述するように、同集会の企画、運営を任されることによって女性委員会は活性化し、女性役員の鶴岡田川地協運動への積極的参加が実現している。青年委員会は連合山形の青年委員会の

表1-1　各種委員会の任務、メンバー、取り組み内容

委員会名	任務	メンバー（◎は委員長）	取り組み内容
政策検討委員会	連合山形の政策実現とその促進、田川地域内政策の検討等	◎事務局長、議長、副議長4人、事務局次長	鶴岡市へ政策制度要請書を提出
組織対策委員会	組織強化・拡大	◎副議長、議長、副議長3人、事務局長、事務局次長	1000万連合の意識の共有、労働相談の実施
賃金・時短対策委員会	賃金引上げや時短の促進、調査	◎副議長、幹事3人	春闘時の職場訪問、春闘アンケート・妥結報告の要請
高齢者退職者対策委員会	各高齢者団体との連携、高齢者組織の調査	◎副議長、幹事3人	各高齢者団体との連携、高齢者組織の調査
労働者福祉対策委員会	労働福祉事業団体との連携、労働者福祉政策の検討と推進、未加盟組織の加盟促進	◎副議長、幹事2人	田川地区労福協へ役員を派遣、クリーン作戦への参加要請
広報・教宣委員会	街頭宣伝の企画立案、情報誌の発行、学習会の企画立案	◎議長、事務局次長、幹事2人	地協ニュース発行、春闘学習会の開催

資料出所：連合山形鶴岡田川地域協議会『第13回定期総会議案書』（2018年12月7日）pp.4-5より作成。

行事へ参加したり、また女性委員会と協力して後述するサマーフェスティバルの企画、実施を担当している。青年委員会の役員は九人、年五回開催され、平均出席率は七六％である。

3　連合山形との連携

連合山形は六つの地協と連携を図りながら、連合山形として一体的な活動を進めようとしている。連合山形は一一月上旬に年間活動方針を決定するが、その二カ月前に、地域協議会議長・事務局長会議を開催し、連合山形の年間活動計画を説明し、意見交換を行う。この会議で、連合山形と各地協が一体として活動を進めることを説くとともに、統一して行う活動と取り組みを地協の議案書に記載することを求めている。地協議長・事務局長会議は二〇一八年度は九月一七、一八日に開かれた。

また、地協の専従事務局長を連合山形事務局の地域対策部長（執行委員）に任じ、毎月の連合山形執行委員会に出席させている。執行委員会終了後に地協事務局長会議が開催されることになっており、そこでは執行委員会における議論についての質疑が行われる他、地協活動の報告がなされる。

二〇一八年度には執行委員会は一三回開催され（臨時執行委員会も含む）、地協事務局長会議は九回開催されている（臨時事務局長会議も含む）[2]。

4　内側への働きかけ、支援

鶴岡田川地協が幹事会メンバー、加盟組織、加盟組合員にどんな働きかけ、支援をしているのかを見よう。

4―1　幹事会メンバー

幹事会の出席率は上述のように八二％と高い。幹事会欠席者には事務局長が会議資料を送付するか、持参している。すぐ後で述べるように、事務局長は加盟単組を頻繁に訪問していることもあって、「持参する方が多い」[3]。幹事会終了後に次回の幹事会予定日をメールなどで伝え、一週間後くらいに出欠の予定をメンバーからもらうことにしている。返事のない場合は何回も連絡して、予定を伝えてくれるよう依頼している。

以前、仕事の都合で急に欠席になるということが続いたメンバーがいたこともあったが、「そこの単組の書記長に会って、やはり組織を代表して幹事会メンバーになっているのだから、都合がつきやすい別の役員に交替してくれませんかと言えるようになった」[4]。

連合総研調査票によると、幹事会欠席者が事務所に来てお詫び、挨拶をすることがたまにあり、来訪しないが他の手段でお詫び、挨拶をすることはよくある。幹事会で議論された内容について簡単な確認や質問をすることもたまにある。

幹事会メンバーは上述のように各種の専門委員会のメンバーに名を連ねており、さまざまな場面で、地協運動に関与する体制ができあがっている。

4－2 加盟組織

現在の議長（鶴岡市職労の非専従特別執行委員、二〇一五年度に就任）になってから、事務局長は加盟単組回りを必ず行うようになったそうである。議長は次のように語る。

「私は市職の役員を二二歳くらいからやっていて、専従になった時は頻繁に職場オルグに行っていました。現場を見て、現場で話を聞くというのが大事だとずっと思っていて、地協の議長になった時も事務局長にもそう話しました」[5]。

単組回りは議長と事務局長の二人で行く場合と、事務局長一人で行く場合がある。春闘、選挙の際には二人で行く。それ以外は事務局長が一人で月に一、二回単組訪問を行い、全単組を訪問するようにしている。

鶴岡田川地協は地場中小労組の春季生活闘争を支援するため、春闘時にはさまざまな活動を行っている。議案書によれば「連合地協は、幹事会・構成組織代表者・単組代表者会議において、連合山形方針に沿った地協の方針を確立し、チラシ配布、街宣行動、春闘学習会、中小労組懇談会を各労組協力のもと実施した」[6]。**表1－2**は鶴岡田川地協の二〇一八春季生活闘争において行った討論会や街宣行動を時系列的に示したものである。

会議、学習会、職場訪問では春闘方針を説明するほか、春闘を闘う単組の闘争スケジュール（要求、交渉）をたずねている。地場中小労組が進んで春闘に取り組むよう後押しをしている。二月二五日開

表1-2　鶴岡田川地協の2018春季生活闘争

月日	行動内容	関係者等
2月6日	2018春季生活闘争の方針周知と意見交換	構成組織代表者・単組代表者会議
2月12日	2018春闘学習会（講師　連合山形広報・組織部長）	加盟単組から56人が出席
2月25日	中小労組懇談会	構成メンバー
2月19日〜3月26日	春闘の意見交換のため、議長と事務局長による職場訪問	14単組（別掲）
3月17日	春闘街宣行動	地協議長、連合山形会長代行、協力議員団、幹事
4月13日	2018春季生活闘争決起集会＝中小労組支援集会（講師　連合山形会長代行、参議院議員）	加盟単組から68人が出席

資料出所：連合山形鶴岡田川地域協議会『第13回定期総会議案書』（2018年12月7日）p.2、pp.6-7およびp.22より作成。

催の中小労組懇談会は、組合経験の浅い単組の委員長、書記長を対象にした団体交渉の仕方などに関する勉強会である。四月一三日の決起集会＝中小労組支援集会は、既に春闘を終えた組合が結果を報告し、まだ妥結していない中小労組に参考にしてもらうための場でもある。

なお、鶴岡田川地協では春闘要求・妥結についてのアンケートを実施しており、二〇一八年度では一〇の単組から回答をもらっている。結果は連合山形に報告している。アンケートでは高卒初任給も聞くようにしている。たまたま三年前に高卒初任給がかなり低い会社が、このアンケート調査から見つかり、議長が「高校を卒業して鶴岡で働こうとする若者が、初任給が格段に低い会社に就職すると思うか？　社長にそう言って、交渉したらどう？」というアドバイスをした結果、二〇一八春闘で「初任給がどーんと上がった」[7]そうである。

表1-3　2018春闘時の訪問単組

月日	時刻	訪問単組
2月19日(月)	17時30分	TBK労組
2月21日(水)	7時30分	林野労組
〃	18時00分	JP労組鶴岡地方支部
2月22日(木)	17時30分	水沢化学労組
2月23日(金)	17時45分	第一貨物労組庄内分会
2月26日(月)	17時45分	三川町職労
〃	18時15分	ヨロズエンジニアリング労組
3月1日（木)	17時30分	JVCケンウッド労組
〃	18時15分	松文産業労組鶴岡支部
3月2日（金)	17時30分	県職連合労組庄内支部
3月7日（水)	17時45分	スタンレー鶴岡製作所労組
3月12日(月)	17時30分	県教組田川地区支部
3月13日(火)	17時40分	庄内ヨロズ労組
3月26日(月)	18時00分	庄内町職労

資料出所：連合山形鶴岡田川地域協議会『第13回定期総会議案書』（2018年12月7日）p.2およびpp.6-7より作成。

二〇一八春闘で職場訪問をした単組を表1―3に示した。

この表にあるように、単組だけではなく、支部も訪問している。議長には次の想いがある。「横浜にある本社と鶴岡にある支社で賃金は同じかと聞いたら、違うと答える。若い人で一、二万円違いがあって、四〇歳をすぎると六万円近くの違いがでる。でも、同じ仕事しているよね。同じ仕事をしているのに、賃金が違うことに納得しているの？　おかしいじゃない。中央本部に行ってしっかり自分たちの主張をしてきたら。コーラはどこで買っても同じ値段なのに、なんで賃金は地方ごとに違うのか。おかしいと思わない？」[8]。

4―3　組合員

メーデー、レクリエーションなど組合員

への働きかけ、支援を見よう。

メーデーは連合山形による山形県中央メーデーと地協ごとのメーデーがある。田川地区中央メーデーは田川地区平和センター、田川地区労福協と地協の三団体で構成する実行委員会で企画、運営されている。ただ議長によると「二〇一九年度からは連合主体でやろうじゃないかと呼び掛けている」[9]。田川地区中央メーデーは、山形県中央メーデーと同じ二〇一八年四月二八日に開催された。デモ行進、シュプレヒコールの後はイベントが行われた。メーデー参加者は七〇〇人ほどである。

スポーツ大会として山形県勤労者体育祭[10]の田川地区大会があり、ソフトボール（九チーム）、卓球（六チーム）、バレーボール（七チーム）、軟式野球（二チーム）、ボウリング（十七チーム）の五競技が行われた。チーム数からすると、比較的多くの組合員が参加していると考えられる。地区優勝チームは県大会に出場している。

夏には勤労者会館サマーフェスティバルが田川地区労福協主催で開かれる。実際には鶴岡田川地協の各構成組織から委員を出してもらい、彼らが実行委員会を構成してサマーフェスティバルの企画、運営を担っている。議長によると「手作りのビアガーデン」である。前出の青年委員会はこのフェスティバルで飲み物販売を担当している。

国際女性デー集会は毎年三月八日の国際女性デーにちなんだイベントである。国際女性デーとは女性への差別撤廃と女性の地位向上を訴える日として国際連合が一九七五年に制定した記念日である。鶴岡田川地協ではこの日の集会の企画、運営を女性委員会に委ねている。そのことが女性を地協運動に巻き込むことに大いに貢献している。議長は次のように語る。

「誰を呼んで、どういう話をしてもらうのかを自分たちで決めるわけですよ。チラシも自分たちで作って。女性委員会の中でアイデアを出し合って、『じゃあ、その人にお願いするか』ということになるんです。そんなことは単組とか産別ではなかなかできないじゃないですか。ところが地協に来たら、自分たちで考えて、自分たちで話し合って、そういうイベントを企画できるわけですよ。そうすると『こんなに労働運動って楽しいものだとは知らなかった』、定期総会の後の交流会でも『もっと楽しいことをやろう』となるわけですよ。楽しいと感じた女性たちは後輩にも面白さを伝えてくれるわけですよ。そうしたら五年後、一〇年後に地協運動に積極的にかかわろうという女性が出てくるかもしれないでしょう」[11]。

ちなみに二〇一八年度は鶴岡サイエンスパーク内にある、ホテル・遊戯施設・温泉施設・保育施設等を経営するヤマガタデザインから講師を呼び、「これからの庄内にときめこう―ヤマガタデザイン街づくり」をテーマに講演をしてもらっている。参加者は九五人であった。

鶴岡田川地協は田川地区労福協と共催でクリーン作戦を春と秋に行っている。二〇一八年度には五月二六日に朝の七時から湯浜海岸北側のゴミ清掃、一〇月六日に朝七時から赤川の土手のゴミ清掃を行った。参加者はそれぞれ一四〇人、一五一人であった[12]。

鶴岡田川地協は地元経営者団体との労使間の話し合いの場を持っていない。推薦首長、推薦議員、自治体への委員派遣を取り上げる。

5　発言力、交渉力の向上

5－1　首長と議員

現在の山形県知事は連合山形の推薦首長である。連合山形は推薦議員として参議院議員二人、山形県議会議員八人を抱える。

参議院議員のうち一人は田川地区選出である。現在の鶴岡市長は鶴岡田川地協の推薦首長であり、この他に八人の推薦議員からなる地協議員団がある。その内訳は田川地区選出の県議会議員二人、鶴岡市議会議員五人、三川町議会議員一人である。庄内町議会議員二人は協力議員団のメンバーではないが、議会請願などで支援をしてもらっており、メーデーや旗開きなどには参加を呼びかけている。

連合総研調査票によると、推薦首長、推薦議員と①定期的な懇談会、活動報告会を開催し、②地協総会への出席を要請し、③新年の挨拶・忘年会など地協の季節行事への参加、④地協メーデーへの参加も要請している。

鶴岡市長に対しては二〇一七年一二月五日に地協四役が市庁舎を訪問し、意見交換を行っている。機関紙によれば地協四役が「皆川市長を訪問し、地域の企業を守り、労働者の雇用を確保することなど、連合地協の取り組みに理解を求めました。また、労働団体主催の旗開きや地区メーデーへの出席、労福協主催による勤労者と語る会の実施などの要請を行い、皆川市長は日程調整により、要請に応えられるようにしたいとの意向をしめしました[13]」。

鶴岡田川地協では協力議員団との間で定期的に懇談会を持っている。そのねらいとして次の四つが掲げられている。

「①各協力政党における政策や、具体的方針・活動等の紹介・報告の提案。②各議員における年間を通じた活動状況や、定例議会ごとの重点課題等の報告。③各産別、各単組からの情報提供と推薦議員に対する要望。④日頃から情報交換（提供）できる環境整備と、パイプの強化[14]」

議員と地協および単組との情報交換を密にし、議員に対する地協の影響力を高めることがねらいの一つであろう。

表1－4は二〇一八年度における懇談会の日時、出席者、議題を示している。懇談会は原則として定例議会の一カ月前に開催することになっている。

地協、単組からの要望事項を伝えることを通じて、議員もまた大いに利益を得ているらしい。議長によると「生活の身近な問題、たとえば工業団地で水が出るエリアがあるけれど何とかできないかとか、右折がなかなかできない道路があるので信号をつけられないかとかを地協から要望したり、もちろん政策的なことも要望しますから、議員は問題がわかって、自分で勉強して質問に活かせますから。だから地協事務所にしょっちゅう来ますよ。何かないかとか、連合として何とかしてくれないかとかで[15]」。

表1-4　協力議員懇談会

回	月日	地協側出席者	議員	議題
第1回	2月16日	単組5人、平和センター1人、労福協2人、地協役員9人　合計17人	市議4人、県議1人　合計5人	・3月議会に向けた意見書採択 ・3月定例議会に向けての意見交換、情報交換 ・各構成組織、単組からの要望事項 ・重点事項について ・その他（市議会傍聴、市議会への政策提言など）
第2回	5月29日	単組6人、地協役員10人　合計16人	市議5人、県議1人　合計6人	・6月議会に向けた意見書採択 ・6月定例議会に向けての意見交換、情報交換 ・各構成組織、単組からの要望事項 ・重点事項について ・その他（市議会傍聴、市議会への政策提言など）
第3回	8月24日	単組6人、地協役員8人　合計14人	市議5人	・9月議会に向けた意見書採択 ・9月定例議会に向けての意見交換、情報交換 ・各構成組織、単組からの要望事項 ・重点事項について ・その他（2018年度山形県最低賃金額改定など）
第4回	11月13日	単組8人、地協役員8人　合計16人	市議5人、県議1人　合計6人	・12月議会に向けた意見書採択 ・12月定例議会に向けての意見交換、情報交換 ・各構成組織、単組からの要望事項 ・重点事項について ・その他

資料出所：連合山形鶴岡田川地域協議会『第13回定期総会議案書』（2018年12月7日）pp.15-16より作成。

5―2　自治体

鶴岡市の審議会、委員会に鶴岡田川地協は事務局長を委員として派遣している。現在では鶴岡市介護保険運営協議会、鶴岡市地域包括支援センター運営協議会、鶴岡市総合計画審議会企画委員会、鶴岡市総合戦略策定推進会議の四つの審議会などに派遣している。委員として審議会に出席している事務局長は「商工会議所会頭、スーパーの社長、山形大学教授、山形新聞支社長、銀行とかそうそうたるメンバーでいろいろ議論します。労働者の代表として私も突っ込んだ話をします[16]」。

6　地域社会への働きかけ

組織拡大、街頭宣伝行動、政策制度要請など、組織の外にある地域社会向けに行っている活動を見ていこう。

6―1　組織拡大

連合山形には組織拡大委員会が設置され、年に三回開催されている。また、年に二回の組織拡大月間（五～七月、九～一〇月）を設けている。鶴岡田川地協にも、上述のように組織対策委員会が置かれているが、連合山形の組織拡大委員会との連携は特にないようである。地協の組織対策委員会の取り組み内容（一〇〇〇万連合の意識の共有、労働相談の実施）から見ると、組織化対象企業のリストアップ、企業訪問などは行われていないようである。

れんごう山形ユニオンの鶴岡支部（組合員一五人、事務局長は地協事務局長が兼任）があり、労働相談が来た場合に「ユニオン加盟を勧めて、闘いますか[17]」という窓口になる。

6―2　街頭宣伝行動

鶴岡田川地協として街頭宣伝行動の年間計画を立ててはいないようである。もちろん街宣行動を行わないというのではない。「だいたい二カ月に一回くらいは街宣をするし、たとえば選挙のときなんかは毎週土曜日に街宣をする。朝の九時ころから二時間程度やって、昼飯食べて、その後も[18]」。

主なテーマは春闘、最低賃金、労働相談、選挙である。選挙では「推薦議員に入れてねじゃなくて、選挙に行こう、一票を投じないと社会は変わらないということを訴えて、連合を何回も連呼して、市民にアピールする」。最低賃金では「この一〇月から山形県の最低賃金は七九〇円になった。学生アルバイトでもなんでも七九〇円以上をもらえるようになった。自分の給料明細を見て、七九〇円未満だったら連合に相談してください。また、コーラはどこで買っても一六〇円なのに、なんで労働力だけ地方によって最低賃金が違うんだ。おかしいじゃないか」。労働相談キャンペーンでは「パワハラとか、セクハラとか、長時間労働とかで悩んでいるんだったら、連合の事務所で相談を受けているので、ぜひ、相談に来てくれとか[19]」。春闘では連合の春闘方針を訴える。

街宣行動には推薦市議会議員、時には推薦国会議員も来る。議長だけではなく副議長、また議員が演説を行う。

6－3　政策制度要請

連合山形は山形県に政策制度要請を行っている。二〇一八年度は九月六日に要請書を山形県に提出し、知事との意見交換を行った。

連合山形は各地協に市町村へ政策制度要請を行うよう求めている。鶴岡田川地協も連合山形の要請書を参考にして、地協独自の要請書を策定して一〇月下旬に鶴岡市長に直接手渡す。その後、市長と懇談会を行う。前述したように一二月には地協四役が市庁舎を訪問し、申し入れを行っているが、それとは別に政策制度要請を行っている。これら以外にも田川地区労福協（会長は地協議長が兼務）が市長との対話集会を持っている。

「現在の市長になってから、直接、市長と話し合えたりで、あるいは協力議員団に要望を伝えて、それが実現されていることもあって、政策制度要請書をわざわざ提出しなくてもという考えもあるんだけれど、やっぱり必要だねということで出すようにしています[20]」とのことである。

鶴岡田川地協の取り組みで特筆すべきことは、鶴岡市議会への教員定数改善にかかる請願書の提出である。県教組田川地区支部の要請で協力議員団を通して議会へ提出した請願が採択されている。鶴岡市による教員の加配が認められたのである。

1　連合山形鶴岡田川地域協議会『第一三回定期総会議案書』（二〇一八年一二月七日）四頁。

2　連合山形『第三一回年次大会一般活動報告書』（二〇一八年一一月九日）三―七頁および九―一一頁より。
3　鶴岡田川地協事務局長へのインタビュー記録（二〇一九年一〇月二三日）より。
4　鶴岡田川地協事務局長へのインタビュー記録より。
5　鶴岡田川地協議長へのインタビュー記録（二〇一九年一〇月二三日）より。
6　連合山形鶴岡田川地域協議会『第一三回定期総会議案書』六頁。
7　鶴岡田川地協議長へのインタビュー記録より。
8　鶴岡田川地協議長へのインタビュー記録より。
9　鶴岡田川地協議長へのインタビュー記録より。
10　主催は山形県労働者福祉協議会で、山形県が協賛している。
11　鶴岡田川地協議長へのインタビュー記録より。
12　連合山形鶴岡田川地域協議会『第一三回定期総会議案書』一九頁より。
13　連合山形鶴岡田川地域協議会「連合鶴岡田川」一八二号（二〇一七年一二月）より。
14　連合山形鶴岡田川地域協議会『第一三回定期総会議案書』一五頁。
15　鶴岡田川地協議長へのインタビュー記録より。
16　鶴岡田川地協事務局長へのインタビュー記録より。
17　鶴岡田川地協事務局長へのインタビュー記録より。
18　鶴岡田川地協議長へのインタビュー記録より。
19　鶴岡田川地協議長へのインタビュー記録より。
20　鶴岡田川地協事務局長へのインタビュー記録より。

第2章　外房地域協議会

1　組織

連合千葉には七つの地域協議会があり、そのすべてに専従事務局次長と職員が配置されている。専従事務局次長七名はいずれも連合千葉雇用で、六〇歳を超えている。彼らは年金を受給しながら事務局次長を担っている。職員は全員、連合千葉雇用である。

外房地協は六市（山武市、東金市、大網白里市、茂原市、勝浦市、いすみ市）、一〇町（横芝光町、芝山町、九十九里町、白子町、長柄町、長南町、一宮町、睦沢町、大多喜町、御宿町）、一村（長生村）の一七市町村を組織範囲とする広域地協である。カバーする面積は千葉県の二二・五%になる。広域なために、三つの地区連絡会（山武地区連絡会、長生茂原地区連絡会、夷隅地区連絡会）が設けられている。

外房地協は十六の構成組織、三五の加盟組織、六四七三人の組合員からなる。現在の議長はJP労組から選出されている。この議長と、二人の副議長（UAゼンセン、JP労組）、事務局長（電機連合）、事務局次長（地協に専従）、三人の幹事が執行部を構成する。この他に会計監査二人がいる。事務局長、幹事三人は単組専従者である。三つの地区連絡会の運営は議長（山武）、副議長二人（それぞれ長生茂原、夷隅を担当）、幹事三人（全員千教組の支部専従で、三地区から選出）が担っている。

現在の専従事務局次長は電機連合の日立労組出身で、単組と電機連合千葉地域協議会で役員を一八年間（うち一四年間は専従）務めた。定年を迎えた時に、連合千葉の会長、事務局長から依頼されて外房地協の事務局次長に就任した。「それまで地域の仕事をあまりしていなかったし、茂原は私の生まれ故郷だということもあって、お手伝いができればということで引き受けました[1]」。

2　機関構成

最高決議機関は大会である。代議員は五三人であり、二〇一九年度では出席者が四七人と出席率は高い。執行機関として幹事会が置かれている。二〇一九年度には幹事会は一一回開催され、平均の出席率は九二％である。

外房地協は組織部、政治部という部局を持ち、他方、補助機関として専門委員会を設置している。内部資料によると、組織部では「地協内における問題点の把握や今後の取り組み内容などを検討」するとあるが、その最も重要な役割は二年に一回の役員推薦である。組織部がそのまま役員選考委員会になるそうである。政治部は、議員や首長への立候補を考えている立候補予定者から推薦要請があった場合に、推薦の可否を議論し、本人との面接を行う。推薦依頼は少なくないそうである。「地域からも個人からも推薦依頼はありますね。依頼があれば、どんな人でも必ず同じ土俵にあげるんです。連合がこの人を推薦するだろうとわかっていても、他の立候補予定者からも推薦してくれないだろうかと来るわけです。どういう政策で、どういう思いをもっているかを聞いて判断します」[2]。政治部による議論、面接の後に、推薦委員会を開催し、そこで判断して、最終的には幹事会で決定し、連合千葉に上げるという手続きを踏む。

専門委員会としては組織拡大委員会と政策委員会がある。組織拡大委員会は以前は地協として組織拡大に力を入れることで設置されたが、「しかし、なかなか実績がついてこない。連合千葉からの要請もあるので、地協としては組織化につながる情報を的確に収集して、連合千葉の担当者に伝えるという方向に変えています」[3]。

政策委員会は連合千葉からの要請に基づく各種の政策制度要請を立案する場である。

3　連合千葉との連携

連合千葉は七つの地協と連携を図りながら、連合千葉として一体的な活動を進めようとしている。二〇二〇年度の運動方針には次のように書かれている。

「地域協議会の運営や運動をより一層強化するため、地域協議会との対話活動等を実施し、情報共有とフォローアップを行う」「連合千葉運動（活動）方針の理解をより深め、地協運動に的確に反映することを目的に、（地協代表者会議を……引用者）適時開催する」[4]。

地協代表者会議の出席者は各地協の議長と専従事務局次長である。拡大代表者会議では、この二人に加えて、地協事務局長も出席する。**表2－1**は二〇一九年度の連合千葉地協代表者会議の日程と外房地協幹事会の日程を示したものである。地協代表者会議では、連合千葉の「執行委員会にて確認された地域協議会に関わる項目について、具体的な取り組みを確認しました。また、拡大会議では地協の事務局長にも参加いただき、地協に係る方針等についても共通認識をはかりました」[5]。「連合千葉の運動方針があって、それを共有したうえで、地協が活動に移してくれると。こんなイメージです」[6]。

表2-1　代表者会議と幹事会の日程

連合千葉地協代表者会議	外房地協幹事会
9月10日	9月14日
10月3日	10月15日
11月17日	11月17日
12月5日	12月17日
1月8日	1月15日
2月8日	2月18日
3月6日	3月13日
4月1日	4月8日
5月9日	5月15日
6月4日	6月13日
7月1日	7月3日

資料出所：連合千葉外房地域協議会『第8回定期総会議案書』（2019年11月12日）pp.2-4より作成。12月までは2018年、1月以降は2019年である。

連携はさらに地区連絡会にも及ぶ。**表2－2**は表**2－1**で掲げた外房地協の幹事会の日程に、三つの地区連絡会の幹事会の日程を加えたものである。外房地協の幹事会の一、二週間後に地区連絡会の幹事会が必ず開催されていることがわかる。

この他、連合千葉には常設の専門委員会があるが、そこにも地協幹事会メンバーが参加している。政策制度要請をまとめる政策委員会、議員、首長の立候補予定者の推薦を決める政治センター、人材育成を

表2-2　外房地協と3つの地区連絡会の幹事会日程

外房地協	山武地区連	長生茂原地区連	夷隅地区連
9月14日	9月26日	9月26日	9月21日
10月15日	10月23日	10月24日	10月19日
11月17日	11月26日	11月27日	11月27日
12月17日	12月19日	12月19日	12月19日
1月15日	1月21日	1月23日	1月22日
2月18日	2月25日	2月25日	2月26日
3月13日	3月20日	3月22日	3月22日
4月8日	4月17日	4月24日	4月12日
5月15日	5月31日	5月21日	5月22日
6月13日	6月19日	6月18日	6月25日
7月3日	7月22日	7月23日	7月9日

資料出所：表2-1に同じ。

進める組織強化委員会、組織拡大委員会担当者会議などである。

4　内側への働きかけ、支援

外房地協が幹事会メンバー、加盟組織、加盟組合員にどんな働きかけ、支援をしているのかを見よう。

4－1　幹事会メンバー

幹事会の出席率は上述のように九二％と高い。連合総研調査票によれば二〇一六年度も九〇％であった。高い出席率の背景には幹事会メンバーが少ないこと、単組専従者が四人いることなどもあろう。もう一つの工夫が幹事会の日程を柔軟に決めていることである。「当初は幹事会を月に一回、毎月第二火曜日ということで運営していたんですね。それがネックになって、出席率もあまり良くなかった。メンバーのみなさん、組織によっていろいろ予定がありますので。出席率を上げようということで、みなさんと話し合って、幹事会ごとに、次回の幹事会の日程を決める、みんなの都合が良い日をあげて調整して決めるということにしました。それで非常に高い出席率になっているんだと思います[7]」。

連合総研調査票によると、幹事会欠席者に対しては会議資料を郵送、ＦＡＸ、メールなどで送る、欠席者に対して資料を直接手渡しする、郵送、ＦＡＸ、メールで次回の参加を呼びかけることなどをしている。同じく連合総研調査票によると、過去三年間、欠席者が地協事務所に来訪し、欠席のお詫びや挨拶を述べることはよくある、地協事務所に来訪はしないが、他の手段でお詫びや挨拶の言葉を伝えることはたまにある、内容についての簡単な確認や質問を行うこともたまにある。

4－2　加盟組織

連合総研調査票によると、専従事務局次長は加盟単組の七割を訪問している。「月に一、二回、単組を回っています。春闘だけじゃなくて。連合に加盟する組合が地協に顔を見せないならば、地協の意味がないいんじゃないかと、そういう思いで、時間がある時には単組を回っています。一人ですが、可能な時には事務局長にも声をかけて。機関紙を持って回ります。組合の委員長に連絡をとって、対応できるということであれば訪問する。もう四年になりますかね[8]」。

二〇一九年度では二〇一八年九月一〇日、一九日、一〇月三〇日、一一月一六日、二〇一九年一月二五日、二月一九日、三月一八日、四月一六日、六月二四日、七月二四日、八月二六日の一一回[9]、単組訪問をしている。

4-3 組合員

メーデー、レクリエーションなど組合員への働きかけ、支援を見よう。

外房地協のメーデーは地区連絡会ごとに二つ開催される。山武地区連絡会は東金市の公園で手作りメーデーを独自に開催し、長生茂原地区連絡会と夷隅地区連絡会は合同で開催している。式典の後は、抽選会、クイズ、プラカードコンテストなどのイベントが開かれる。二〇一九年度は二つの地区ともに四月二八日に開催され、山武地区では一九五人、長生茂原・夷隅地区では三二五人が参加した[10]。

この他、連合総研調査票によると、組合員向けにスポーツ大会、お祭り・パーティ、テーマパークツアー、チャリティ活動、学習会を単独で開催している。スポーツ大会ではチャリティでゴルフ大会(六〇人)、ボウリング大会(四〇人)を実施し、またバスツアーなども行っている。バスツアーは「年度によって様々ですが、今年は新宿方面に食べ放題、バイキングで食事をしてくるというツアーでした。その年によっていろいろ違うのですが、皆さんの意見を吸い上げて、どういうとこへ行ってみたいよね、このツアーは家族型なんで、子どもさんが行きたいようなところを企画しています[11]」。

列島クリーンキャンペーンは、これまでは、地区連絡会ごとに、最寄りの駅で街宣、ビラを配布した後、駅周辺を掃除ということで行ってきたが、今年度から家族型のキャンペーンに変更した。「九十九里浜をきれいにしようということで、家族で参加するキャンペーンにしました。現地集合現地解散です。清掃したあと、参加者で食事をするということにして。一三〇人参加しました。連合の旗立てて、地域で顔を見せる運動です[12]」。

5　発言力、交渉力の向上

外房地協の長生茂原地区連絡会は、同地区労使懇談会を年に一回、開催している。この懇談会について論じる前に、首長と議員、自治体との関係を見よう。

5－1　首長と議員

連合千葉は比較的多くの推薦議員、推薦首長を抱えている。[13] 衆議院議員六人、参議院議員二人、千葉県議会議員は十五人、市町村議会議員は五五人である。推薦首長は一七人の市長（千葉市、市川市など）、四人の町長、一人の村長の計二二人である。

外房地協推薦の市町村議員は四人である。県議会議員はいない。ただ、推薦首長は八人と多い。六市のうちの東金市、茂原市、いすみ市の三市、一〇町のうちの白子町、長柄町、長南町、睦沢町の四町、長生村の一村の首長が推薦首長である。

推薦議員には幹事会に参加することを要請したり、また議員による定期的な活動報告会を開催している。二〇一九年度には八月七日に、推薦市議二人、前県議一人、衆議院議員立候補予定者一人による活動報告会を開き、外房地協から二五人が参加している。この他、連合総研調査票によると、推薦首長、推薦議員に①地協大会への出席を要請し、②新年の挨拶・忘年会など地協の季節行事への参加、③地協メーデーへの参加も要請している。

表2-3　外房地協の自治体への委員派遣

市町村	会議名	委員
長南町	まち・ひと・しごと創生総合戦略会議	議長
大網白里市	まち・ひと・しごと創生有識者会議	議長
茂原市	子ども子育て審議会	幹事
いすみ市	行政改革推進委員会	幹事

資料出所：連合千葉外房地域協議会『第8回定期総会議案書』（2019年11月12日）p.7より作成。

推薦議員には、政策制度要請の策定の際にも協力を求めるほか、自治体要請の際にも連携して取り組んでいる。

こうして外房地協は多数の推薦首長、推薦議員と情報共有を図り、良好な関係を築き、維持しようと努めている。

5－2　自治体

表2－3にあるように市町の審議会、委員会などに外房地協から委員を出し、こども・子育て、行政改革、まち・ひと・しごと創生総合戦略に関し、労働者の代表として、自治体施策に地協としての意見反映を試みている。

5－3　使用者団体

前述したように外房地協は長生茂原地区労使懇談会を年に一回、初春に開催している。労使懇談会の設置は連合結成以前であり、二〇一九年一月には第三二回を数えている。出席者は長生茂原地区の使用者団体、企業（加盟組合のある）の経営幹部、七人の首長、推薦の県議会議員と市町村議会議員、労働側を代表して外房地協長生茂原地区連絡会の幹事、単組役員である。この懇談会では何か、一つのテーマに関して、話し合うというよりも、どちらかといえば懇親の場に近い。「テーマを決めて議論するということはないんです。懇親の場を設けて、企業幹部の中には首長や議員と話す機会のない方々も多い。組合役員も含めて、集まっていただいて、言いたいことがあったらみんなで話をする。そうした知り合いになって、話が普通にできるようになる。そんな機会を地区連絡会が提供する。推薦をしていない首長にも声をかけて、接点の場を作る[14]」。

二〇一九年度は一月十七日に開催され、使用者団体、加盟組合のある企業の労使、首長、議員など六九人が参加した。

6　地域社会への働きかけ

組織拡大、街頭宣伝行動、政策制度要請など、組織の外にある地域社会向けに行っている活動を見ていこう。

6－1　組織拡大

連合千葉には組織拡大委員会が設置されており、地協専従事務局次長が委員会のメンバーになっている。以前は連合千葉と各地協が連携して、組織拡大に取り組んでいたが、現在では「連合千葉、構成組織、組織拡大アドバイザーと連携して取り組む」とされており、地協は主として「企業オルグの足掛かりとなる地域企業の情報を収集し、組織拡大アドバイザー等と連携し連合未加盟組織の組織化をはかる[15]」というように変わりつつある。「以前は地協としても、企業を訪問していたんですけれど、なかなか芽が出ない。そして連合千葉からの要請もあったので、方向を変えて、地協としては情報を

表2-4　地区連絡会による街頭宣伝行動

月日	地区	内容
10月3日	長生茂原	最賃改正周知駅頭行動
10月5日	夷隅	最賃改正周知ポスティング行動
10月10日	山武	最賃改正周知駅頭行動
11月30日	夷隅	全国一斉労働相談キャンペーンポスティング行動
12月3日	山武	全国一斉労働相談駅頭行動
12月4日	長生茂原	全国一斉労働相談駅頭行動
2月4日	山武	全国一斉労働相談駅頭行動
2月8日	夷隅	全国一斉労働相談キャンペーンポスティング行動
2月13日	長生茂原	全国一斉労働相談駅頭行動
〃	〃	春季生活闘争周知キャラバン
〃	山武	春季生活闘争周知キャラバン
〃	夷隅	春季生活闘争周知キャラバン
5月24日	夷隅	全国一斉労働相談キャンペーンポスティング行動
5月27日	山武	全国一斉労働相談駅頭行動
5月28日	長生茂原	全国一斉労働相談駅頭行動

資料出所：連合千葉外房地域協議会『第8回定期総会議案書』（2019年11月12日）pp.2-4より作成。

的確に収集して、それを連合千葉の担当者に伝えることに力を入れていくようにしている。茂原地区でも工業団地が新しくできたので、そういうところに伺ってということから始めています」[16]。

6－2　街頭宣伝行動

連合千葉として街宣行動年間計画を策定し、地協に協力を求めながらも定期的に街宣行動を行っている。外房地協は広域地協であるため、実際の街宣行動は三つの地区連絡会が行う。表2－4は二〇一九年度の各地区連絡会による街宣行動を示す。

二〇一九年度では街宣行動は五回である。一〇月は改正最低賃金の周知、一二月、二月、五月は全国一斉労働相談、二月は春季生活闘争周知である。二〇一九年度の全国一斉労働相談は、一二月のテーマが「働きすぎていませんか」、二月が「働きすぎにレッドカード」、五月が「職場で悩むあなたをサポートします」である。春季生活闘争周知キャラバンは街宣車による流し街宣を三地区で行い、午後六時に茂原駅頭で街頭演説を行った。話をしたのは連合千葉事務局長、副事務局長、県議会議員、市議会議員である。

「街宣は顔の見える運動なので、これはきっちりとやっていこうと連合千葉事務局長の旗振りもあって。今年から36（サブロク）の日を追加という要請をもらっている。ただ外房エリアはとりわけ夕方だと乗降客が非常に少ない。そのため朝の六時半から旗を立てて街宣をする。大網駅と茂原駅。夷隅地区は大原駅ですが、乗降客が少ないので、ポスティングで対応することにしています。話すのは地協の役員ですが、大きなポイントとかキャラバン街宣などでは連合千葉に応援を頼んでいます。県議とか市議にも話していただくということもあります[17]」。

6―3　政策制度要請

連合千葉は各地協に組織範囲の自治体に政策制度要請をすることを求めている。連合千葉は地協政策担当者会議を開催して、スケジュール、提出基準、連携要望項目などについて協議し、定めている。具体的には次のようである[18]。

まず政策制度要請の立案、策定、提出のスケジュールについては、①政策制度要請素案の策定を九月上旬までに行う、②推薦議員との協議、調整を八月中旬から九月上旬に行う、③地協幹事会での最終確認を九月上旬から九月下旬までに行う、④各自治体への政策制度要請の提出を九月中旬から一〇月中旬に行う。

提出基準というのは、どういう自治体に優先的に要請をするかを定める基準である。推薦首長もしくは推薦議員がいる市町村をまず優先して、政策制度要請に可能な限り努める。その次に要請に努めるのが、どちらもいない市。最後がどちらもいない町村である。

ただし、自治体数が多くて全ての自治体への要請が難しい地協（外房地協はこれに含まれる）については、最低限、一地区連エリア内において一あるいは二自治体に対し要請を行う。この場合、複数年（三～五年）で一巡するように取り組むなど工夫する。なお、今年度の取り組みが難しい自治体については、窓口を確認し通年の活動を通じてコンタクトをとるなど、次年度要求できるようパイプづくりに努めることとする。

連合千葉と地域協議会が連携して取り組む項目を整理し、一体となって政策制度要請を行っていくことを目指すこととなっている。

以上のように、連合千葉として地協に政策制度要請に一体的に取り組むよう求めている。そのため連合千葉は地協政策担当者会議（二〇一九年三月一九日）を開催し、各地協に対し県への要望提案を求めている。「県への提言に関して、地域の方で何か要望がありますかということで意見をまとめて出してもらいます。それを受けて、連合千葉の政策委員会の中でいろいろ議論して、策定していきます[19]」。

連合千葉が主催する政策討論集会（五月一八日）に地協からも担当者が出席し、「政策・制度要求と提言（案）」について検討する。他方、地域政策担当者研修会（七月三一日）を開催し、地協の政策提言活動の進め方についての研修を行っている[20]。

外房地協は「連合千葉の政策制度要求方針と内容に沿って、地協・地区連絡会の各政策委員会および推薦議員団と充分な検討と議論を重ね、地域に働く勤労者・生活者の観点から政策課題の改善に向けた意見反映」を行っている[21]。具体的には「県への提言を受けて、地域バージョンをどういうふうにかみ砕いていったらよいかを検討し、すでにやっている自治体もあるので、これは削除するとか、これは追加しようとかして、独自の要請書を作成していきます[22]」。

二〇一九年度に政策制度要請を行った自治体、要請日を**表2－5**に掲げた。

一七市町村のうち、政策制度要請を行ったのは一一市町村である。

推薦首長のいる三市（東金市、茂原市、いすみ市）、四町（白子町、長柄町、長南町、睦沢町）、一村（長生村）の合計八自治体に加え、大網白里市、山武市、芝山町にも提出している。政策制度要請の内容は自治体によって違いがあるところもあるが、基本は同じである。

表2－6は芝山町に提出した政策制度要請である。要請への回答は文書で受けている。回答の確認については「回答書をもらって、こちらの要請に対してどういう回答が寄せられたかをチェックしたり、あるいは議会での議事録を見ながら確認をしたりします[23]」。

例年の政策制度要請ではないが、連合本部から求められた「教員の働き方改革」（勤務時間管理の徹底、時間外労働の上限（原則月四五時間、年三六〇時間）の遵守、教員の業務の整理・削減、一年単位の変形労働時間制の導入に慎重な姿勢）については、一七市町村中一六市町村（大多喜町を除く）に要請を行った。

表2-5　要請自治体と要請日

地区	市町村	要請日
山武地区	東金市	12月11日
	大網白里市	12月12日
	芝山町	12月13日
	山武市	12月18日
長生茂原地区	茂原市	12月11日
	睦沢町	12月11日
	長柄町	12月11日
	長生村	12月11日
	長南町	12月11日
	白子町	12月14日
夷隅地区	いすみ市	1月25日

資料出所：連合千葉外房地域協議会『第8回定期総会議案書』（2019年11月12日）p.5より作成。

表2-6　芝山町への政策制度要請

経済産業政策	職業訓練、再就職への支援
	中小企業支援
	五輪へ向けた体制構築
雇用労働政策	若者の県内就職促進
	外国人労働者の権利保護
	障がい者雇用対策・支援
	労働者教育、消費者教育の推進
	消費者被害防止対策
生活の安心・安定政策	ドクターヘリの活用
	認知症の人と家族を支える仕組みづくり
	保育所、放課後児童クラブの質向上
	学校の部活動指導員、スクールサポートスタッフの活用
	学校における講師の確保
	森林環境譲与税の適切な運用
	有害鳥獣対策の担い手の育成と確保
	外国語指導助手や日本人外国語指導講師の適正配置
	子ども食堂支援

資料出所：外房地協『芝山町に求める政策・制度課題　要請書』より作成。

1　外房地協事務局次長インタビュー記録（二〇二〇年二月一三日）より。
2　外房地協事務局次長インタビュー記録より。

3 外房地協事務局次長インタビュー記録より。
4 連合千葉『第一七回定期大会議案書』(二〇一九年一〇月二五日)十八頁。
5 連合千葉『第一七回定期大会議案書』九八—九九頁。
6 連合千葉事務局長インタビュー記録(二〇二〇年二月一三日)より。
7 外房地協事務局次長インタビュー記録より。
8 外房地協事務局次長インタビュー記録より。
9 連合千葉外房地域協議会『第八回定期総会議案書』(二〇一九年一一月一二日)二—四頁。
10 連合千葉外房地域協議会『第八回定期総会議案書』二—四頁。
11 外房地協事務局次長インタビュー記録より。
12 外房地協事務局次長インタビュー記録より。
13 議員数、首長数は連合千葉議員団会議『連合千葉議員団会議第三〇回総会 経過報告・議案書』(二〇一九年一一月一四日)にある「連合千葉議員団議会会員名簿」「特別会員名簿」より。
14 外房地協事務局次長インタビュー記録より。
15 連合千葉『第一七回定期大会議案書』一八—一九頁。
16 外房地協事務局次長インタビュー記録より。
17 外房地協事務局次長インタビュー記録より。
18 以下、連合千葉『第一七回定期大会議案書』一〇一頁より。
19 外房地協事務局次長インタビュー記録より。
20 外房地協『連合千葉外房地域協議会 第八回定期総会』六頁。
21 外房地協内部資料による。
22 外房地協事務局次長インタビュー記録より。
23 外房地協事務局次長インタビュー記録より。

第3章　中濃地域協議会

1　組織

連合岐阜には六つの地域協議会があり、そのすべてに専従事務局長と職員が配置されている。専従事務局長六人は連合岐阜雇用である。ただ、一人だけは六五歳を超えており、一年間に限り、短時間勤務の地域限定雇用として採用している。職員もまた六人全員が地域限定の連合岐阜雇用である。連合岐阜事務局の専従役員は四人、職員は二人であるが、地協専従事務局長の五人が連合岐阜の役職を兼務している。六五歳超を除く地協事務局長五人はそれぞれ総合労働局、中小労働関係、男女平等、政策、広報兼教育を担当している。専従地協事務局長六人のうち一人は連合岐阜の副事務局長、二人は連合岐阜の執行委員でもある。

兼務について連合岐阜事務局長は次のように述べている。「兼務ですけれど、地協にはるかに軸足を置いている。もっとも男女平等関係は、連合岐阜の青年委員会、女性委員会の仕事がたくさんあるので大変ですが、連合岐阜と同じ建物内に地協の事務局があるので、なんとか。教育と広報とかは機関誌、ホームページ、壁新聞などは電話やメールで遠隔でもできるので」[1]。中小労働関係を担当する中濃地協事務局長によれば「忙しいと言えば忙しいです。やれることをやっているという感じですかね」[2]。

中濃地協は三市（各務原市、関市、美濃市）を組織範囲とし、十二の構成組織、二四の加盟組織、八八三六人の組合員からなる[3]。中濃地協の現在の議長は交通労連から選出されている。単組の専従役員である。専従者がいる加盟組織は中濃地協には交通労連の他に、自動車総連、基幹労連加盟の三組織あり、議長職はこの三組織が交代で担っている。三役は議長以外に副議長四人、専従事務局長一人の計六人からなる。この六人と幹事七人の計一三人で幹事会を構成している。この他に、会計監査が二人いる。

現在の専従事務局長は一五年前に連合岐阜に職員として新卒採用されている。地協事務局長に就任したのは三年前である。なお地協事務局長六人のうち三人は連合岐阜に職員として採用されている。

2　機関構成

最高決議機関は総会である。代議員は連合総研調査票によると三九人であり、実際の出席率は九〇％となっている。執行機関として幹事会が置かれている。幹事会は二〇一八年度には七回開催され、平均出席者数は一二・一人、平均出席率は九三・四％である[4]。中濃地協の幹事会の出席率が高いのは、なるべく多くの幹事会メンバーが出席できるよう、その都度、日程調整を行っているからである。

中濃地協は連合岐阜に合わせて専門部局体制を敷き、労働局、組織局、政治政策局を持っている。ただ、事務局長としては十分に機能できていないという認識である。「裏方は基本的には私が行いますが、議長職に対する負荷が大きいので、四人の副議長に企画段階から携わってもらおうかと模索しているところです[5]」。

3　連合岐阜との連携

連合岐阜は六つの地協と連携を図りながら、連合岐阜として一体的な活動を進めようとしている。そのために六地協の専従事務局長も出席する連合岐阜事務局常任役員会議を月に二回開催し、活動方針、活動計画の打ち合せをする場を設けている。なお、上述したように、三人の地協事務局長は月に一回開催される連合岐阜執行委員会のメンバーでもある。

また、秋には連合岐阜と地域協議会役員との意見交換を実施している。「テーマは、組織拡大に向けた取り組みや、政治活動、働き方改革、地協運動などについて意見交換をし、連合岐阜の運動への理解と協力を求め[6]」ている。

連合岐阜と各地協の活動がシンクロナイズしている様子を示す内部資料がある。表3－1がそれで

表3-1　連合岐阜と地域協議会の連携

	岐阜地協	西濃地協	中濃地協	中北濃地協	東濃地協	飛騨地協	連合岐阜
組織拡大	事業所訪問、シニアスタッフ1人	事業所訪問、シニアスタッフ1人	事業所訪問	事業所訪問	事業所訪問	事業所訪問、シニアスタッフ1人	戦略会議、研修会開催、事業所訪問、アドバイザー2人
勤労者なんでも相談会	マーサ21（イオン）	アクアウオーク大垣（アピタ）	アピタ各務原	パティオヨシズヤ可児店	地協事務所	地協事務所	労福協との調整、相談員派遣
街頭宣伝行動	定例（2ヵ月に1回）	定例（2ヵ月に1回）	定例（2ヵ月に1回）	定例（2ヵ月に1回）	定例（2ヵ月に1回）	定例（2ヵ月に1回）、政策街宣	毎月5日
自治体要請	5市1町	1市4町	3市	3市7町1村	4市	3市	岐阜県、岐阜県教育委員会、岐阜県労働局
首長・議員懇談会	推薦議員懇談会	推薦議員懇談会	3市長との懇談会、推薦議員懇談会	町村会長との政策懇談会	3市長との懇談会	推薦議員報告会	推薦議員懇談会、岐阜市長・羽島市長・飛騨市長の市政報告会
春季生活闘争	春闘学習会	春闘学習会	春闘学習会	春闘学習会	春闘学習会	春闘学習会	経営4団体への要請
メーデー	岐阜県中央メーデー（4月28日）	西濃地区中央メーデー（4月29日）	中濃地域メーデー（4月29日）	中北濃地区メーデー（4月22日）	東濃西地区メーデー（4月24日）、東濃恵那・中津川地区メーデー（4月22日）	飛騨地区メーデー（4月29日）	岐阜県中央メーデー（4月28日）
学習会・研修会	男女平等、安全衛生	男女平等、安全衛生、知って得する講座	男女平等、安全衛生	男女平等、安全衛生	安全衛生、政治学習	男女平等、安全衛生、組織交流会	政治研修、組織拡大、政策討論、サマーセミナー、平和の集い
支え合い・助け合い	被災地支援物品の販売	障がい者福祉サービス事業所との交流、クリーン作戦	クリーン作戦、ボトルキャップ回収、災害ボランティア	クリーンキャンペーン、確定申告、ボトルキャップ回収	社協への寄付（年2回）	特定外来植物駆除作業、クリーンキャンペーン	児童養護施設支援、ボトルキャップ回収
機関誌	地協ニュース（隔月）	地協ニュース（隔月）	地協ニュース（隔月）	地協ニュース（毎月）	地協ニュース（隔月）	地協ニュース（隔月）	壁新聞、機関紙（年3回）
レクリエーション	ボーリング大会	チャリティゴルフ		ボーリング大会			
若者		西濃AQUA（青年委員会）	若者対象イベントの開催			ひだ若葉会	青年委員会、女性委員会

資料出所：連合岐阜内部資料「連合岐阜地域協議会活動内容」などより作成。

ある。

この表にあるように、組織拡大、勤労者なんでも相談会、街頭宣伝行動、自治体要請、首長・議員懇談会、春季生活闘争、メーデー、学習会・研修会、支え合い・助け合い、機関紙は六地協すべてで行われている。連合岐阜は企画立案の役割を担うことも、県を対象に実践部隊の役割を担うこともある。連合岐阜事務局長によると「月二回の常任役員会議で、こういう活動をしようよと協議をして、地協の独自性を出してもよいから、足並みそろえて行きましょうということでやっています[7]」。このように連合岐阜と地協の活動をシンクロさせながら進めるようになったのは「連合岐阜に六年間いますが、六年前もそうでした。たぶん、前任の事務局長が作り上げたのじゃないですかね。ただ、連合岐阜はこれをやるから、地協はこれをやらなきゃならないという特段の縛り、決め事はないです。常任役員会議で議論をしながら進めています[8]」。

なお、この内部資料の注には「政治、選挙対応は各地協とも温度差無く取り組んでいる」とある。

4　内側への働きかけ、支援

中濃地協が幹事会メンバー、加盟組織、加盟組合員にどんな働きかけ、支援をしているのかを見よう。

4－1　幹事会メンバー

幹事会の出席率は上述のように九三・四％と高い。幹事会欠席者には会議資料を送付するか、あるいは必要に応じて直接会って、手渡ししている。副議長が欠席した場合は、直接手渡しが多いそうである。連合総研調査票によると、幹事会欠席者の中には欠席のお詫びや挨拶をしたり、簡単な確認や質問を行うメンバーがたまにいる。

4―2　加盟組織

連合総研調査票によると、専従事務局長は加盟単組の八割、構成組織の六割を訪問している。「三役、幹事会メンバーには幹事会で会えますし、コミュニケーションも取れているので、幹事会メンバーではないところを回るようにしています。非専従なので会えるタイミングが毎回、苦慮しますけれど、ただ、中濃地協は単組数が少ないので他と比べたら行きやすいと思います[9]」。

前出表3―1からわかるように、春闘学習会、その他の学習会・研修会を地協独自で開催している。連合岐阜事務局長によると「産別組織がないところとか、中小組合には連合の春闘方針が届かないところがある。それで単組の役員から、今年の状況はどうなっているのかとか、働き方改革の法改正について教えてくれとか、外国人労働者問題はどうなっているのかとかの問い合わせがあるんです[10]」。

そのため連合の春闘方針を単組へ伝える場を地協が設定するよう求めている。ただ、具体的な内容については地協に任せている。地協事務局長は事前に、連合岐阜の役員による春闘方針についての丁寧な説明を受けている。二〇一八年春季生活闘争の際には、中濃地協は二〇一八年二月一日に春闘学習会を開催した。学習会は中小・地場組合を対象として二部構成となっており、「第一部は……中濃地協事務局長が、連合の春闘方針について概要説明をしました。第二部では、参加者によるグループ討議を実施し、それぞれの立場における春季生活闘争の関わり方について意見交換をしました。要求内容の作成から妥結にいたるまでの流れ、また、今年度の具体的な要求内容などについて、それぞれが情報を出し合い、共有を図りました[11]」。地協事務局長によると、春闘学習会のテーマをどうするかは難しいそうである。「状況は単組ごとに異なる。支部なので春闘はしないというところもある。だから単組ごとの春闘の取り組み内容とか、悩みとか、知りたいこととかの情報交換をしましょうということで行っている[12]」。二〇一八年度の春闘学習会には一六単組から七一人が参加している。

中濃地協では、春闘学習会以外に、安全衛生、政治をテーマに学習会・研修会が開催されている。安全衛生研修会は二〇一八年九月二七日に開催され、一〇単組二三人が出席している。政治研修会は二〇一八年度には五月二九日に開催され、連合岐阜事務局長が「労働界が抱える政治課題」について講演し、組織内議員を出している単組の副委員長が「労働組合が行っている具体的な政治活動」についての報告を行った。一二単組から五〇人が出席している。「選挙、政治に興味を持ってもらおうというのが一つあって、選挙の情勢認識とか選挙活動の仕方とかを伝えています[13]」。

4―3　組合員

メーデー、ボランティア活動など組合員への働きかけ、支援を見よう。

メーデーは**表3―1**にあるように連合岐阜による岐阜県中央メーデーと地協ごとのメーデーがある。中濃地協のメーデーは県労福協岐阜支部、中濃支部と共催、NPO法人きざはし、NPO法人あしたの会、J2リーグのFC岐阜と連携して開催されている。二〇一八年度は四月二九日に開催され「式典とファミリーフェスティバルの二部構成で行い、ステージでは和太鼓演奏、公園内ではストライクナインなどの子供向けゲームで会場はおおいににぎわいを見せ[14]」、六〇〇人が参加した。

この他、連合総研調査票によると、ボランティア活動を労福協、こくみん共済COOP、労働金庫、NPOなどと共催で行っている。前出表3－1でわかるように、中濃地協ではレクリエーションを行っていない。「地協を強化するために専従体制を敷いた時に、私の認識ではレクリエーションは優先順位としては後の方。労福協の支部がレクリエーション中心に活動していると思うので、そちらに任せている[15]」。

その代わりに地協事務局長が重視しているのはボランティア活動である。「東日本大震災の時の連合の取り組みは地域で顔の見える運動だったと思う。個人的にはかなり関心を持っている。なにか災害があったときに、さっと地協で対応できる。そんな仕組みをつくろうと思っています[16]」。二〇一八年七月に発生した西日本豪雨では中濃地域にある関市が被害を受けた。その際、中濃地協は「計二回にわたり、事務局によるボランティア活動及び現地調査を実施」し、「その後、中濃地協として、災害発生直後でも対応ができるよう、初期行動の方法について議論をし、第七回幹事会にて確認を[17]」している。

クリーンキャンペーンもボランティア活動の一環として二〇一八年度に初めて行政が行う清掃活動に参加することとした。二〇一八年一〇月二七日に各務原市が主催する「川と海のクリーン大作戦」

に中濃地協として参加し、六九人の組合員とその家族が「早朝から参加をし、河川清掃に汗を流した[18]」。その意図として、地協事務局長は次のように語る。「連合の強みはたぶん人集めと派遣なので、その強みを地域で生かすような取り組みをしていきたいと思っています。地協の役割だと思うんです、地域で顔を見せる運動の実践は[19]」。

5　発言力、交渉力の向上

中濃地協は地元経営者団体との話し合いの場を持っていない。推薦首長、推薦議員、自治体への委員派遣を取り上げる。

5－1　首長と議員

連合岐阜の推薦地方議員団は県議会議員が六人、市議会議員が二三人、町議会議員が二人、特別会員が一人の計三二人からなる。推薦首長は県知事、岐阜市長を含む一三市長、四町長の計一八人である。

中濃地協の推薦議員団は二人の県議会議員、二人の各務原市議会議員、二人の関市議会議員、一人の美濃市議会議員の計七人からなる。各務原市長、美濃市長ともに推薦市長である。関市長は推薦してはいないが、もともと民主系の市議会議員であり、中濃地協とは友好な関係にある。

連合総研調査票によると、推薦首長、推薦議員と①定期的な懇談会、活動報告会を開催し、②地協総会への出席を要請し、③新年の挨拶・忘年会など地協の季節行事への参加、④地協メーデーへの参加も要請している。

推薦議員団とは年に一回「政策を語る会」という意見交換会を二〇一七年度から持つようになっている。二〇一八年度は八月二八日に開催され、地協役員、産別代表者、議員など一〇人が参加し、働き方改革、超高齢社会に関する政策について議論を行っている。その意図は「地協として政策を作る段階で情報がもっと欲しい。幹事会のメンバーや議員と意見交換をして、行政の生の声を聞こうとしています[20]」。

表3-2　中濃地協の自治体への委員派遣

各務原市	子ども・子育て会議	事務局長
	各務原市水道事業経営審議会	副議長
	各務原市下水道審議会	副議長
関市	関市中小企業従業員退職金共済審議会	産別職員
	関市行政改革推進審議会	事務局長
	子ども・子育て会議	事務局長
美濃市	美濃市まち・ひと・しごと創生総合戦略策定会議	単組支部長

資料出所：連合岐阜中濃地域協議会『第3回地協委員会報告・議案書』（2018年11月26日）p.26より作成。

各務原市長、関市長、美濃市長との政策懇談会を年に一回設けている。二〇一九年度では関市長との懇談会が七月三日に開催され、地協ニュースは「市長からは、今年度における関市の重点施策について、非常にわかりやすく説明をいただきました。特に昨年起きた災害への復興計画や今後の対策、さらにまちづくり計画や教育についても、熱く語られました[21]」と伝えている。八月二一日には各務原市長との政策懇談会、二三日には美濃市長との政策懇談会がそれぞれ開かれ、両市長から重点施策の説明が行われた[22]。この場では「年末に政策制度要請を行って、それが新年度の施策に取り入れられ、新年度はこういうことを意識して行政やりますよということを教えていただく場です。各市にある単組役員とか地協役員に対して参加を呼びかけています。各務原市では二〇人、関市では一二人、美濃市では七人くらいが参加します[23]」。

5－2　自治体

表3－2にあるように各市の協議会、委員会に中濃地協から委員を出している。

自治体の審議会、会議への委員派遣は意識的に追求されている。「審議会では具体的な意見反映ができるので、意味があると思っています。これに力を入れるべきだと思っています。市町村レベルにも審議会があるので、ここに労働者団体代表ということで地協から人を出していけば、政策実現のための一つの具体的な手段になる。連合本部にも力を入れるよう言っている[24]」。

6　地域社会への働きかけ

組織拡大、街頭宣伝行動、政策制度要請など、内側ではなく、組織の外にある地域社会向けに行っている活動を見ていこう。

6－1　組織拡大

連合岐阜は、産業別組織、地域協議会と連携を図り、組織拡大の取り組みを二〇一四年度から進めている。連合岐阜には二人のアドバイザーが置かれ、労働相談と組織拡大を担当している。このほかに、以前、アドバイザーを務めていた三人をシニアスタッフとして岐阜地協、西濃地協、飛騨地協に登録し、組織拡大に関するアドバイス、協力を依頼している。

連合岐阜は毎年一回、オルガナイザー研修会を地協役員を対象に地域を変えながら開催している。二〇一八年度は四月一八日に各務原市で行われた。午前中は講師による研修を受け、午後は企業訪問を飛び込みで行い、その後に訪問結果を報告させるという流れになっている。

連合岐阜としては地協に対して未組織企業リストの作成、ターゲットリストの作成、ターゲットへの定期訪問を求めているが、地協によって差があるようだ。岐阜地協のシニアスタッフは継続的に企業訪問をしている。飛騨地協のシニアスタッフは依頼をすれば同行する。西濃地協のシニアスタッフは相談には乗ってくれるが、高齢のため企業訪問は難しい。その代わりに西濃地協の事務局長、副議長が定期的に企業訪問を行っている。

中濃地協事務局長によると「組織拡大できることといったら相談会です。電話相談もありますけど、年に一回、連合岐阜と共催で面談式の相談会を各地協で開催しています。そこで相談を受けて組織化を目指す[25]」。もちろん、定期的な企業訪問も行っているようであり、報告・議案書には「今年度は、連合岐阜の組織拡大オルガナイザー研修会が、中濃地協の組織範囲である各務原市にて実施され、市内にある企業を訪問。具体的に組織拡大にいたることができませんでしたが、引き続き重点企業として、組織化及び加盟促進に取り組んでいきます[26]」。

表3-3　中濃地協の街頭宣伝行動

月日	テーマ	場所
2017年12月7日	最低賃金の周知、全国一斉集中労働相談ダイヤルの周知、ディーセントワークの実現	コノミヤ各務原店前
2018年2月8日	全国一斉集中労働相談ダイヤルの周知（非正規労働者向け）、2018春季生活闘争の周知、クラシノソコアゲ応援団の周知	イオンタウン各務原
4月3日	クラシノソコアゲ応援団の周知、2018春季生活闘争（中小地場の取り組み）、地域開催メーデーの周知	各務原市、関市、美濃市での流し街宣
6月7日	女性のための全国一斉集中労働相談の周知、6月の連合「男女平等月間」への取り組みの周知、クラシノソコアゲ応援団の周知	イオンタウン各務原
9月27日	勤労者なんでも相談会（面談）の周知、クラシノソコアゲ応援団の周知	各務原市、関市、美濃市での流し街宣

資料出所：連合岐阜中濃地域協議会『第3回地協委員会報告・議案書』（2018年11月26日）p.3、連合岐阜『第28回地方委員会報告・議案書』（2018年10月31日）pp.5-7より作成。

6－2　街頭宣伝行動

連合岐阜は毎月五日に街頭宣伝行動を行うことを基本としている。六年前からそうである。二〇一八年度は一三回計画し、悪天候のため中止の三回を除き、一〇回街宣行動を行っている。テーマは最低賃金、長時間労働の撲滅、労働相談ホットライン、保育士・介護士の処遇改善、高度プロフェッショナル制度、働き方改革、安心・安全で質の高い公共サービスの確立などである。連合岐阜役員、担当副会長が話す。連合本部から原稿が来るが、定点で街宣を行う場合には、連合岐阜として修正を施す。流し街宣の場合は連合本部の音源を利用して、連合岐阜として音源を作成し、それを流す。

地協には二カ月に一回、テーマを決めて、街宣行動を行うよう依頼している。表3－3は中濃地協が行った二〇一八年度の街頭宣伝行動である。

中濃地協の街宣行動で演説するのは推薦議員と議長、副議長である。原稿は連合岐阜が修正したものを地協版としてまた少し修正する。幹事会メンバーはティシュやチラシ配りを担当するが、現在では、街頭で配ることより、各戸にポスティングすることが増えているそうである。「岐阜地協のように、岐阜駅のように人が集まるようなところでの配布はいいんですけれど、中濃地協はそういうところはないので[27]」。

6―3　政策制度要請

連合岐阜は岐阜県に政策制度要請を行っている。二〇一八年度は二〇一七年九月二〇日に七項目からなる要請を岐阜県庁に申し入れている。県側は知事他三人、連合岐阜側は会長他五人である。回答は同年一二月一九日に知事から文書で行われ、その後、意見交換が行われた。県側から知事他九人、連合岐阜側は会長他二四人、議員六人である[28]。

連合岐阜は各地協に市町村へ政策制度要請を行うよう求めている。「すべての市町村に政策制度要請を出そうとしています。だが、出せていない自治体もあります。ただ、以前と比べると申し入れしている自治体は増えています[29]」。「各地域協議会は、地域に暮らす人々の生活や福祉の向上にむけ、二〇一二年度から自治体への政策要請行動を本格化している」「要請内容は、『二〇一八年度岐阜県への政策提言』から統一項目を選定した上で、地域毎の政策課題も盛り込む[30]」こととしている。とはいえ、統一項目をすべて要請するということでもなく、地協独自の考えで取捨選択あるいは追加することも認められている。

表3-4　中濃地協の政策制度要請

領域	提言	具体案
雇用労働	1.「働き方改革」の柱の1つである長時間労働の解消に向け、すべての働く人々がやりがいのある仕事と充実した生活を両立できる「ワーク・ライフ・バランス社会」の実現をめざした労働行政施策を充実すること。	◆関係団体と連携した各種取り組みの拡充（セミナーなど） ◆各種行政・団体の取り組み要請に対する積極的対応（周知・啓発等） ◆ワーク・ライフ・バランス推進エクセレント企業認定制度。くるみん認定、新はつらつ職場づくり宣言、イクボス宣言など。
その他	2．各種選挙において投票しやすい環境整備のため、投票所（期日前投票を含む）を、大型ショッピングセンター・文化交流施設や駅など、より多くの有権者が活用するアクセスの良い施設への設置をさらに拡大すること。	
	3．働く人々の賃金・労働条件の悪化を防ぎ、公共サービスの質を高いものにする「公契約条例」について、引き続き、条例制定に向けた研究・検討を進めること。（継続事項）	◆条例制定に向けた検討委員会（仮称）の設置 ◆県内実施自治体（岐阜県・大垣市）への情報収集

資料出所：連合岐阜中濃地域協議会『第3回地協委員会報告・議案書』（2018年11月26日）p.18より作成。

中濃地協は組織範囲にある三市すべてに同じ政策制度要請を行っている。表3－4はその内容を示す。

二〇一八年度の連合岐阜の七項目の政策制度要請の一部を取り入れながら、中濃地協独自の項目を立てている。「市長への要請というのは、マクロ的なことよりも、具体的なことが求められていると思うので、その辺を意識しながら作っています。たたき台を作って、それを幹事会で議論し、また『政策を語る会』で議員と話し合いながら作り上げています[31]」。もっとも、地協によっては連合岐阜とほぼ同じ要請を提出するところもあるし、一部を削除するところもある。

この提言書を各務原市には二〇一七年一二月一二日に、関市、美濃市には一二月二一日に申し入れしている。いずれも市長に直接、手渡ししている。回答は翌年の二月から三月にかけて文書で受け取る。

1　連合岐阜事務局長へのインタビュー記録（二〇一九年九月二七日）より。
2　中濃地協事務局長へのインタビュー記録（二〇一九年九月二七日）より。
3　加盟組織数と組合員数は連合総研調査票によった（二〇一七年三月現在）。
4　連合岐阜中濃地域協議会『第三回地協委員会　報告・議案書』（二〇一八年一一月二六日）の一二頁にある幹事会出席人数より算出。第二回の出席人数は一四人となっているが、幹事会メンバー以外の関係者が出席したとみなして一三人としている。
5　中濃地協事務局長へのインタビュー記録より。

6 中濃地協『第三回地協委員会　報告・議案書』四二頁。
7 連合岐阜事務局長へのインタビュー記録より。
8 連合岐阜事務局長へのインタビュー記録より。
9 中濃地協事務局長へのインタビュー記録より。
10 連合岐阜事務局長へのインタビュー記録より。
11 連合岐阜中濃地域協議会『第三回地協委員会　報告・議案書』七頁。
12 連合岐阜事務局長へのインタビュー記録より。
13 中濃地協事務局長へのインタビュー記録より。
14 連合岐阜中濃地域協議会『第三回地協委員会　報告・議案書』九頁。
15 中濃地協事務局長へのインタビュー記録より。
16 中濃地協事務局長へのインタビュー記録より。
17 連合岐阜中濃地域協議会『第三回地協委員会　報告・議案書』一〇頁。
18 連合岐阜中濃地域協議会『第三回地協委員会　報告・議案書』九頁。
19 中濃地協事務局長へのインタビュー記録より。
20 中濃地協事務局長へのインタビュー記録より。
21 中濃地協「連合岐阜中濃地協ニュース　一四一号」（二〇一九年七月）。
22 中濃地協「連合岐阜中濃地協ニュース　一四三号」（二〇一九年九月）。
23 中濃地協事務局長へのインタビュー記録より。
24 中濃地協事務局長へのインタビュー記録より。
25 中濃地協事務局長へのインタビュー記録より。
26 連合岐阜中濃地域協議会『第三回地協委員会　報告・議案書』一頁。

27 中濃地協事務局長へのインタビュー記録より。
28 連合岐阜『第二八回地方委員会　報告・議案書』（二〇一八年一〇月三一日）八六頁。
29 連合岐阜事務局長へのインタビュー記録より。
30 連合岐阜『第二八回地方委員会　報告・議案書』二〇頁。
31 中濃地協事務局長へのインタビュー記録より。

第4章　尾張中地域協議会

1　組織

連合愛知には一一の地域協議会があり、そのすべてに専従事務局長と職員が配置されている。専従事務局長一一人のうち六人は構成組織からの派遣、五人が連合愛知雇用である。後者の五人のうち二人が六〇歳未満の専従事務局長、三人が六〇歳を超えている。六〇歳超の事務局長の中には年金を受給している者もいる。なお、事務局長の選任は地協に置かれている役員推薦委員会で行われる。職員には連合愛知が雇用してる職員と地協が雇用している職員がいる。

尾張中地協は四市（春日井市、小牧市、清須市、北名古屋市）、一町（豊山町）を組織範囲とし、二二の構成組織、八七の加盟組織、二万七〇三九人の組合員からなる。連合愛知の各地協は議長ではなく代表を置いている。現在の尾張中地協の代表は自治労から選出されている。この他に副代表六人（二〇一九年度は五人）、事務局長一人、副事務局長三人、幹事二三人（二〇一九年度は二二人）がおり、幹事会を構成している。この他に、会計監査が二人いる。連合総研調査票によると、三役、幹事の中に単組専従者が六人いる。

現在の専従事務局長は基幹労連の三菱重工業労組の出身で、連合愛知の局長を経験したこともあり、五一歳の時に当該労組から尾張中地協に派遣されて、事務局長の任に就いている。以来、一三年間、尾張中地協の専従事務局長を務めている。六〇歳になった時に、出身企業を退職し、連合愛知に雇用されることとなった。

2 機関構成[1]

最高決議機関は総会である。代議員は一四八人であり、二〇一八年度では出席が九五人、委任状提出が二五人となっている。執行機関として三役会議、幹事会が置かれている。三役会議は代表一人、副代表六人、事務局長一人、副事務局長三人の計一一人からなり、二〇一八年度には五回開催され、平均の出席率は九二・七%である。幹事会は三役の一一人に幹事の二三人を加えた三四人によって構成されており、二〇一八年度は九回（うち二回は持ち回りで、選挙関係）開かれ、持ち回りではない七回の平均出席率は八七・八%である。この他に、代表、事務局長、副事務局長による事務局会議も三回開かれている。

尾張中地協の各種会議の出席率が高い背景には、事務局長が出欠表をつけていることがあると思われる。年度の最初か、最後の幹事会で出欠表が示される。その意図について「やっぱり皆さんに出席していただきたい。ご自分で見て、自分がどうなのかを感じて欲しいんです」[2]。

尾張中地協は決議機関、執行機関以外に補助機関として専門委員会を設けている。組織拡大委員会、政策委員会、役員推薦委員会である。組織拡大委員会は組織拡大活動の方針、結果報告を討議する委員会であり、メンバーは三役一一人である。二〇一八年度は五回開催されている。政策委員会は政策制度要請の策定がメインの仕事となる。二〇一八年度は七回開催されている。

以上のように三役、幹事会メンバーが補助機関である委員会、懇談会の運営に深く関わっている。

3　連合愛知との連携

連合愛知は一一の地協と連携を図りながら、連合愛知として一体的な活動を進めようとしている。その一つの方法が地協の専従事務局長を連合愛知の執行委員としていることである。連合愛知の執行委員会では連合愛知の活動、各地協の活動、事業団体の活動が毎回、報告されることになっており、地協事務局長は連合愛知の全体の活動状況を知ることができる。執行委員会の終了後には、地協事務局長会議が開催され、「執行委員会でなかなか発言できなかったということで、いろんな意見が出てくる」[3]。これにより理解をさらに深めることができる。二〇一八年度は執行委員会は一三回開催され(拡大執行委員会も含む)、地協事務局長会議は一二回開催されている[4]。

執行委員会では年度当初に連合愛知の年間計画を提案するが、その際、「各地協に期待する活動を切り分けて書いており、地協に期待する取り組みがわかるようにしている」[5]。同じ資料が一二月に開かれる地協代表者会議でも示される。

執行委員会だけでなく、連合愛知に置かれた三つの専門委員会―組織拡大委員会、政策委員会、国民運動委員会―にも専従事務局長は委員として参加している。組織拡大委員会、政策委員会は地協にも設置されている委員会であり、連合愛知と各地協との連携を強めることがねらいである。組織拡大委員会は二〇一八年度は四回開催され、政策委員会は七回開催されている[6]。連合愛知の政策委員会で議論され、策定される政策制度要請の中の数項目が統一要請項目として、各地協におろされる。後述するように、各地協は統一要請項目に地協独自要請項目を加えて各市町村に要請書を提出する。国民運動委員会は二〇一八年度は四回開催されているが、主にメーデー、ボランティア活動などが議論されている[7]。

以上は地協専従事務局長を連合愛知の活動に巻き込みながら連携を図ろうという試みであるが、他方で、連合愛知からの働きかけもある。それが連合愛知役員による地協訪問である。「連合愛知の役員が地協の幹事会に行って、連合愛知の直近の取り組みを説明したり、あるいは連合愛知への要望を聞いたりします。年に一回は必ず[8]」。

4　内側への働きかけ、支援

尾張中地協が幹事会メンバー、加盟組織、加盟組合員にどんな働きかけ、支援をしているのかを見よう。

4―1　幹事会メンバー

幹事会の出席率は上述のように八七・八％と高い。連合総研調査票によれば二〇一六年度は九五％であった。出欠表が幹事会メンバーの自覚を促し、出席率の高さをもたらしたことは容易に想像できる。幹事会欠席者には会議資料を送付している。

幹事会メンバーは上述のように政策委員会、その他に政策推進議員懇談会のメンバーに名を連ねており、さまざまな場面で、地協運動に関与している。

4―2　加盟組織

連合総研調査票によると、専従事務局長は加盟単組の七割、構成組織の一割を訪問している。

4―3　組合員

メーデー、レクリエーションなど組合員への働きかけ、支援を見よう。

メーデーは連合愛知による愛知県中央メーデーと地協ごとのメーデーがある。尾張中地協のメーデーには二種類ある。[9] 二〇一八年度は四月二四日に式典が催され、各市長や政策推進議員らによる挨拶、メーデー宣言などが行われた。来賓三〇人、組合員一二四人が参加した。メーデーのフェスティ

表4-1　クリーンキャンペーン

名称（地区）	月日	参加者
春日井市ポイ捨て・ふん害防止啓発活動	3月11日	春日井地区役員11人、事務局長1人　合計12人
清須市新川地区クリーンキャンペーン	5月19日	豊和工業労組44人、中日運送労組5人、議員1人　合計50人
豊山町クリーンキャンペーン	5月26日	豊山町職員労組85人
北名古屋市クリーンキャンペーン	5月27日	東部水道企業労組3人
清須市西枇杷島地区クリーンキャンペーン	7月21日	三菱名冷労組4人、明電舎労組3人、豊和工業労組1人、尾張中地協1人、議員1人　合計10人
小牧市・ごみ散乱防止市民行動	10月16日	小松地区役員11人、事務局長1人　合計12人

資料出所：連合愛知尾張中地域協議会『第29回定期総会議案書』（2018年11月27日）p.12より作成。

バルは五月一三日に行われた。春日井市が主催する「わいわいカーニバル」に尾張中地協も実行委員として加わり、体育館を借りて、抽選会、各種遊戯、手作り工作、ショーなどを行った。六〇〇〇人が参加した。

この他、連合総研調査票によると、スポーツ大会、お祭り・パーティ、旅行、学習会、ボランティア活動を労福協と共催で行っている。スポーツ大会はボウリング大会（七〇から八〇人）である。ボランティア活動は市が行うクリーンキャンペーンに地協として参加する。**表4－1**がその一覧である。四市一町が行ったクリーンキャンペーンに計一七二人が参加した。

5　発言力、交渉力の向上

尾張中地協は地元経営者団体との話し合いの場を持っていない。推薦首長、推薦議員、自治体への委員派遣を取り上げる。

5―1　首長と議員

連合愛知は多くの推薦議員を抱えている。[10]衆議院議員一一人、参議院議員五人、愛知県議会議員は三一人、名古屋市議会議員は一六人、一般の市町村議会議員は九八人である。

尾張中地協も上述のように衆議院議員二人、県議会議員三人、市町議会議員一三人（春日井市五人、小牧市四人、清須市二人、北名古屋市一人、豊山町一人）の推薦議員を擁する。また、春日井市、小牧市、清須市、北名古屋市、豊山町の首長は五人全員、連合愛知の推薦首長である。尾張中地協の組織範囲を選挙区とし、連合愛知の推薦を受けている議員からなる政策推進議員懇談会が組織されている。現在の政策推進議員は、国会議員（衆議院）二人、県議会議員三人、市議会議員一二人、町議会議員一人の計一八人からなる。これに国民民主党総支部長一人がオブザーバーとして参加している。

連合総研調査票によると、推薦首長、推薦議員と①定期的な懇談会、活動報告会を開催し、②地協総会への出席を要請し、③新年の挨拶・忘年会など地協の季節行事への参加、④地協メーデーへの参加も要請している。

表4―2は尾張中地協の政策推進議員懇談会の開催状況、参加者、議題などを示したものである。懇談会連絡会の出席者と議題から見ると、連絡会の主たるねらいは、専従事務局長が政策推進議員たちに街頭宣伝行動、政策制度要請行動などの計画を伝え、協力を依頼することにあるようだ。政策推進議員懇談会総会の出席者は一一五人だから、幹事会メンバー三四人、会計監査二人、政策推進議員一九人（オブザーバー一人を含め）の全員が出席したとして、六〇人近くの単組役員らが出席してい

表4-2　政策推進議員懇談会

名称	月日	出席者	議題
第4回政策推進議員懇談会　連絡会	2017年12月5日	政策推進議員16人、事務局長1人 合計17人	・連合愛知2017年度第4回政策推進議員懇談会幹事会報告 ・連合愛知第13回政策推進議員懇談会総会の開催 ・連合愛知新春交流会 ・西春日井地区「全国一斉労働相談ダイヤル」街宣行動・協力要請 ・2018生活点検運動「ライフUP21」の実施
第21回政策推進議員懇談会　総会	2018年1月25日	地協三役・幹事・組合員、連合愛知、政策推進議員 合計115人	・2017年度活動報告 ・2018年度活動計画および役員確認
第1回政策推進議員懇談会　連絡会	3月5日	政策推進議員15人、事務局長1人 合計16人	・連合愛知2018年度第1回政策推進議員懇談会幹事会報告 ・西春日井地区「3.8国際女性デー」統一街宣行動・協力要請
第2回政策推進議員懇談会　連絡会	5月10日	政策推進議員16人、事務局長1人 合計17人	・連合愛知2018年度第2回政策推進議員懇談会幹事会報告 ・春日井・小牧地区「連合愛知の政策実現にむけた取り組みPR」統一街宣行動・協力要請 ・親睦ボウリング大会開催 ・西春日井地区「女性のための労働相談ホットライン」統一街宣行動・協力要請 ・第19回地域政策推進フォーラム ・2017－2018年地協（重点）要望書提出行動 ・所属政党（地域政党）、所属構成組織の確認
第3回政策推進議員懇談会　連絡会	8月3日	政策推進議員12人、代表1人、事務局長1人 合計14人	・連合愛知2018年度第3回政策推進議員懇談会幹事会報告 ・各地区政策委員会・議員懇談会の開催 ・尾張中地協親睦野外交流会の開催 ・春日井・小牧地区「最低賃金改正」統一街宣行動・協力要請

資料出所：連合愛知尾張中地域協議会『第29回定期総会議案書』（2018年11月27日）pp.14-15より作成。

表4-3　尾張中地協の自治体への委員派遣

春日井市	特別職等報酬委員会	事務局長
	男女共同参画市民フォーラム実行委員会	副代表
	男女共同参画審議会	事務局長
	平成30年春日井市交通安全推進大会	事務局長
	わいわいカーニバル実行委員会	事務局長
	一体的就労支援事業運営協議会	事務局長
	平成30年春日井市交通安全推進協議会	事務局長
小牧市	国民健康保険運営協議会	副代表
	小牧市高齢者保健福祉計画推進委員会	副事務局長
	青少年健全育成市民会議運営委員会	代表
	小牧市こども・子育て会議	副代表
西春日井地区	平成29年度豊山町行政改革推進委員会	加盟単組代表
	平成30年豊山町まち・ひと・しごと創生総合戦略推進会議	加盟単組代表
	北名古屋市環境美化推進委員会	幹事
	北名古屋市特別職報酬等審議会	代表
	清須市まち・ひと・しごと創生総合戦略推進会議	副代表

資料出所：連合愛知尾張中地域協議会『第29回定期総会議案書』（2018年11月27日）pp.31-34より作成。

ることになる。

前出の尾張中地協政策委員会と政策推進議員懇談会の合同会議が年に一回、西春日井地区（清須市、北名古屋市、豊山町）、春日井・小牧地区の二地区に分かれて、開催されている。西春日井地区では二〇一八年八月一日、春日井・小牧地区では八月二二日に合同会議が開催されている。ここでは、すぐ後で触れる首長との行政懇話会（政策制度要請書を提出する）に臨む方針の検討や連合愛知全体の政策推進議員懇談会の活動報告がなされている。

こうして多数の推薦首長、推薦議員と情報共有を図り、良好な関係を築き、維持しようとしている。

5－2　自治体

表4－3にあるように各市の協議会、委員会にも尾張中地協から委員を出している。

この中には男女共同参画、一体的就労支援、国民健康保険、高齢者保健福祉計画、青少年健全育成、こども・子育て、行政改革、まち・ひと・しごと創生総合戦略など、労働者団体の代表として自治体に対して有意味な提言をしていくことによって、自らの発言力を高めていくことが期待できる委員会、会議がある。

6　地域社会への働きかけ

組織拡大、街頭宣伝行動、政策制度要請など、内側ではなく、組織の外にある地域社会向けに行っている活動を見ていこう。

6－1　組織拡大

連合愛知、各地協ともに組織拡大委員会が設置されており、地協専従事務局長がいずれの委員会のメンバーを兼ねていることは前述した。連合愛知と地協が連携した組織拡大を図るためである。表4－4は連合愛知の組織拡大委員会の開催状況、日時、議題を示したものである。

議題に組織拡大計画、組織拡大強化月間、地域協議会ターゲット一覧などがあるように、まさに地協を巻き込みながら組織拡大を進めていこうとしていることがわかる。こうした活動を支援するために、連合愛知は三人のアドバイザーを配置している。地方アドバイザーは地協だけではなく、構成組織の組織拡大も支援している。現在はいずれも自動車総連のＯＢである。

表4-4　連合愛知組織拡大委員会の議題

回	月日	議題
第1回	2017年12月6日	・第7次組織拡大中期計画第2クール「ATTACK」後半年度の推進計画
		・地域協議会ターゲット一覧
		・2018年2月全国一斉労働相談ダイヤル
第2回	2018年3月30日	・2018年度組織拡大推進月間取り組み
		・6月「女性のための全国一斉労働相談ホットライン」の実施に伴う対応
		・連合愛知・地域協議会におけるJA（農業協同組合）組織化の取り組み
第3回	6月22日	・2018年度連合登録人員
		・2018年度連合愛知組織拡大強化月間の取り組み
第4回	9月25日	・第7次組織拡大中期計画2018年度活動経過報告
		・第7次組織拡大中期計画第3クール「ATTACK」前半年度の推進計画（案）

資料出所：連合愛知尾張中地域協議会『第29回定期総会議案書』(2018年11月27日) p.22より作成。

連合愛知としては「地協にもターゲットリストを作成してもらい、副代表や事務局長に三カ月に一回程度訪問してもらうことをお願いしている」[11]。尾張中地協のターゲットリストには、現在、八企業が載せられている。「この八企業を連合愛知の強化月間にあわせて定期的に訪問しています。うちは三役で割り振りして、二人一組になって、訪問する企業を決めています。私が専従事務局長だから一番多いですが、春日井、小牧、西春日井に三役がおりますので、それぞれ割り当てています」[12]。

「私の場合は、アポをとらずに行きます。私と代表が二人でセットになっていきますから、事前にアポをとると、代表と私の日程も事前に合わせなければいけないし…。もういきなりぱっと行って、いないときには連合愛知が作っている資料や瓦版（広報誌）を置いてくるというパターンもありますし、いるときはもちろん、連合愛知のＰＲもしながら、話をしてきますけれど[13]」。

ただ、組織化に成功した事例はまだない。

6―2　街頭宣伝行動

連合愛知として街頭宣伝行動年間計画を策定し、それを各地協に示す。議案書によれば「連合が求める政策や男女平等参画の取り組み、平和行動などの活動を幅広く県民に訴えるため、連合愛知街宣行動年間計画を策定し、地協と連動して月一回を基本とした、街頭宣伝行動を県下各地域で実施[14]」している。**表4―5**は尾張中地協が行った街宣行動の日時、地区、参加者を示したものである。

この表にはない一〇月の街宣（最低賃金）を含め、年間一一回の街宣行動を行っている。街宣がないのはメーデーを開催する四月だけである。尾張中地協役員だけでなく、政策推進議員も街宣行動に参加している。名鉄の西春駅、ＪＲ春日井駅、ＪＲ勝川駅の駅前でティッシュ、チラシを配布しながら、街宣を行うが、ただ、多くの場合、「連合愛知で音源をつくってもらって、それをスピーカーで流す。それが一般的。議員も選挙が近づいてきたら結構、話しますが、一般的には音源[15]」だそうである。

これ以外に、街宣車を走行しながら、テープを流すという流し街宣も年三回行っている。

6―3　政策制度要請

連合愛知は愛知県に政策制度要請を行っている。二〇一八年度は八月二日に要請書を愛知県に提出し、「その後、……知事との懇談会を開き次年度予算に反映できるよう政策要望年間サイクルを着実

表4-5　尾張中地協の街頭宣伝行動

名称	日時	地区	参加者
クラシノソコアゲ応援団！RENGOキャンペーン	2017年11月21日	春日井・小牧地区	地協役員10人、議員10人、労福協尾張北支部1人。合計21人
全国一斉労働相談ダイヤル	12月13日	西春日井地区	地協役員8人、議員6人、労福協尾張北支部2人。合計16人
クラシノソコアゲ応援団！RENGOキャンペーン	2018年1月30日	春日井・小牧地区	地協役員19人、議員7人、労福協尾張北支部1人。計27人
全国一斉労働相談ダイヤル	2月8日	春日井・小牧地区	地協役員14人、議員5人、労福協尾張北支部1人。合計20人
3.8国際女性デー	3月8日	西春日井地区	地協役員14人、議員6人、労福協尾張北支部1人。合計21人
連合愛知の政策実現にむけた取り組みPR	5月30日	春日井・小牧地区	地協役員17人、議員7人、労福協尾張北支部1人。合計25人
女性のための労働相談ホットライン	6月15日	西春日井地区	地協役員10人、議員6人、労福協尾張北支部1人。合計17人
クラシノソコアゲ応援団！RENGOキャンペーン	7月20日	春日井・小牧地区	地協役員16人、議員6人、労福協尾張北支部1人。合計23人
最低賃金改正・西日本豪雨災害緊急カンパ	8月30日	西春日井地区	地協役員13人、議員7人、労福協尾張北支部1人。合計21人
秋の交通安全県民運動・西日本豪雨災害緊急カンパ・北海道胆振東部地震緊急カンパ	9月21日	春日井・小牧地区	地協役員23人、議員8人、労福協尾張北支部2人。合計33人

資料出所：連合愛知尾張中地域協議会『第29回定期総会議案書』（2018年11月27日）pp.9-10より作成。

に進めた[16]」。

連合愛知は各地協に市町村へ政策制度要請を提出するよう求めている。「市町村に対する政策制度要請は絶対ですね。連合愛知の統一要請項目を必ず。政策委員会で議論して、統一要請項目を具体的に示して。市町村に提出した要請書は必ず連合愛知にも提出してもらいます[17]」。連合愛知の求める統一要請項目に、地協独自の要請を加えた要請書を提出するのだが、その内容については、尾張中地協の議員懇談会、政策委員会と議員懇談会の合同会議の場などで決めていく。

表4－6は尾張中地協が春日井市に提出した要請書の概要である。

統一要請項目は他の三市、一町でも同じで、独自要請項目が異なる。要請書は二〇一八年一一月六日に開催された西春日井地区の行政懇話会で、清須市長、北名古屋市長、豊山町長に直接渡された。尾張中地協側は代表、事務局長、幹事、政策推進議員がこの行政懇話会に出席し、要請書提出の後、首長たちと意見交換、懇談を行っている。春日井・小牧地区行政懇話会は一一月二八日に開催され、要望書は春日井市長、小牧市長に直接渡された。尾張中地協側の出席者は同じで、首長と意見交換、懇談が行われたのも同様である。

行政側からの回答は三月末から四月にかけて文書で行われた。

表4-6　尾張中地協の政策制度要請

統一要請項目	産業・雇用・労働政策	地域の産業振興の強化
		雇用の安定と創出
	男女平等政策	ワーク・ライフ・バランスの実現
		差別をなくす環境づくり
	福祉・社会保障政策	子ども・子育て支援、児童福祉の充実
		高齢者福祉の充実・強化
		障がい者福祉の充実
		地域包括ケアシステムの構築
		生活困窮者支援の充実
	教育政策	ゆきとどいた教育環境の整備
	環境・エネルギー政策	地球温暖化防止策の推進
		循環型社会の構築
	まちづくり政策	災害に強いまちづくり
		安全で安心して暮らすことのできるまちづくり
		人と環境にやさしい交通体系の整備
		健全な消費社会の実現にむけた消費者政策の推進
		ICT（情報通信）の推進
	行財政改革	権限移譲における県内市町村でのばらつき解消
		市町村公契約条例の制定の推進と適正な運用
		各種選挙における投票率の向上
		良質な公共サービス提供に必要な正規職員の確保
独自要請項目	防犯対策・交通対策の強化	防犯カメラ設置補助の改善による防犯カメラ設置の更なる促進
	交通渋滞緩和対策	北尾張中央道、春日井各務原線、県道小牧春日井線の早期整備
		「春日井犬山線・春日井稲沢線交差点」の渋滞緩和
		県道76号線JR中央線踏切および県道62号線名鉄踏切を起点とした渋滞対策
	学校教育環境の改善	外部指導員による部活動指導の許可
		スクールセーフティサポーター、スクールソーシャルワーカーの活用強化
		学校と保護者のかけはし事業の充実
	子育て環境の充実	平日の休校日（長期休暇を含む）の開園時間を8時から7時半に時間延長
	情報発信の拡充	「市議会のライブ中継」を実施

資料出所：尾張中地協の内部資料による。

1　役員数、会議の開催回数、出席率は連合愛知尾張中地域協議会『第二九回定期総会議案書』（二〇一八年一一月二七日）の三―七頁によっている。

2　尾張中地協事務局長インタビュー記録（二〇一九年九月二七日）より。

3　連合愛知事務局長インタビュー記録（二〇一九年九月二七日）より。

4　連合愛知尾張中地域協議会『第二九回定期総会議案書』一七―一九頁。

5　連合愛知事務局長インタビュー記録より。

6　連合愛知尾張中地域協議会『第二九回定期総会議案書』二一―二二頁。

7　連合愛知尾張中地域協議会『第二九回定期総会議案書』二二―二三頁。

8　連合愛知事務局長インタビュー記録より。

9　連合愛知尾張中地域協議会『第二九回定期総会議案書』一一―一二頁。

10　政策実現に向けた連合愛知推薦議員（https://www.rengo-aichi.or.jp/giin/　へ二〇一九年一二月一七日にアクセス）より算出した。

11　連合愛知事務局長インタビュー記録より。

12　尾張中地協事務局長インタビュー記録より。

13　尾張中地協事務局長インタビュー記録より。

14　連合愛知『第三〇回定期大会議案書』（二〇一八年一〇月三〇日）十七頁。

15　尾張中地協事務局長インタビュー記録より。

16　連合愛知『第三〇回定期大会議案書』二三頁。

17　連合愛知事務局長インタビュー記録より。

第5章　津地域協議会

1　組織

連合三重には一〇の地域協議会があり、うち八つの地協に専従者が配置されている。津地協はその一つであり、津市を組織範囲としている。津地協は二六の構成組織、九六の加盟組織、二万二八七人の組合員からなる。

議長は現在、情報労連から選出されている。他に七人の副議長、一五人の幹事がいる。二三人中三人が単組専従者である。この他に専従事務局長が一人おり、地協事務所には他にフルタイムの職員が一人配置されている。

現事務局長はUAゼンセンの倉敷紡績労組出身であり、工場閉鎖の際に離職し、その後、新地協がスタートする時に、請われて専従事務局長に就任した。五九歳のときである。津地協の専従事務局長、職員ともに連合三重が雇用している。事務局長は現在六〇歳を過ぎており、年金を受給しながらの勤務となっている。

なお、フルタイムの職員が配置されている地協は津地協以外に、桑員（桑名市、いなべ（員弁）市など）地協、亀山地協である。それ以外の五地協はパートタイムの職員を雇用している。

津地協は専門部局体制を取っておらず、専門委員会としては唯一、女性委員会を置いているだけである。部局体制を取っていないことについては「連合三重から何かテーマや仕事が来ると、三役会議、幹事会で揉んで、進める。部局で仕事を割り振るというようなことはやっていない」[1]。非専従の地協役員に専門部局を任せることによって、彼らを地協運動に巻き込んでいけるのではとの質問には、「（地協運動に巻き込むためには）もう、日々、顔を見る、電話をする、その繰り返しが大切だと思います」[2]。

2　機関構成

津地協の決議機関は総会である。毎年一回、開催される。代議員総数は一六〇人だが、実際に出席した代議員数の割合は連合総研調査票によると五五％である。

執行機関として三役会議、幹事会がある。三役会議は議長、副議長、事務局長の九人からなり、幹事会は三役に一五人の幹事、二人の会計監査を加えた二六人からなる。二〇一八年度には三役会議は九回、幹事会は八回開催されている[3]。一回の例外（三役会議だけが開かれた）を除けば、常に同じ日に開催されている。連合総研調査票によると幹事会の出席率は八〇％である。

3　連合三重との連携

連合三重は地協と運動面での一体化を図るため、二つの工夫をしている。一つは地協議長を連合三重の特別執行委員としていることである。津地協の議長も、毎月、開催される連合三重執行委員会に出席し、連合三重の運動方針、毎月の活動計画についての情報を共有している。必要に応じて、執行委員会終了後に、地協代表者会議が開催されることもあり、議題としては春闘キャラバン、クラシノソコアゲ応援団キャンペーンなどの取り組みなどとなる[4]。二つめの工夫は地協専従者会議を年に一回開催し、年間の運動方針、当面の活動計画に関する情報を提供することである。二〇一八年度は七月二〇日に開催された。

4　内側への働きかけ、支援

津地協が幹事会メンバー、加盟組織、加盟組合員にどんな働きかけ、支援をしているのかをまず見よう。

4－1　幹事会メンバー

幹事会の出席率は上述のように平均八〇％である。連合総研調査票によると、幹事会に欠席したメンバーに対しては、会議資料を郵送、FAX、メールなどで送る、会議資料を直接手渡しする、訪問や電話で次回の参加を呼びかけるといった対応をしている。実際には送付と手渡しは「半々ぐらいですね。余裕がある時は持っていきますし。それから選挙が近づいてきたりすると、行って、委員長さんに三役会議、幹事会はこうでしたと。メーデーとか、総会とかが近づくと持っていきますね[5]」。

4―2　加盟組織

連合総研調査票によると、専従事務局長はすべての加盟単組、構成組織を訪問する。「津地協は一〇〇近くの単組があるんですけれど、最低でも一回か二回は行っています。三役、幹事のところは、『来んでもいいよ』と言われるくらいの回数行きます。三役だと二、三カ月に一度は。組合事務所があって職員がいる場合には、顔と名前を覚えるようにしています。電話をかけた時に、電話の相手の名前がちゃんと言えるように[6]」。

春闘時には加盟単組を招いて学習会を開催している。学習会開催は連合三重の方針であり、各地協で行われている。二〇一八春闘では津地協は二〇一八春季生活闘争学習会を三月三日に開催し、二一人が参加している[7]。連合三重は個別賃金実態調査を行い、その結果をもとに、また連合本部中小共闘方針などを参考にして、「月例賃金引上げ目標」「年齢別最低賃金目標（地域ミニマム）」「年齢別到達賃金水準目標」などを設定しているが、地協で開催される学習会は、こうした連合三重の春闘方針が説明される。それとともに、単組間の情報交換が行われる。津地協の学習会では「産別なり単組が、いま、どういう闘いを進めているとかを話してもらう」「こういう情報は大きなところ、自治労、電機、教組は参考にならないけれど、地場の中小労組では結構、役に立つ。賃上げだけじゃなくて、一時金の交渉はいまこんな具合だとか」[8]。

4-3　組合員

組合員への働きかけ、支援はどうであろうか。まずは女性組合員への積極的働きかけが挙げられる。連合三重では現在、連合本部の「第四次男女平等参画推進計画」に基づいて、男女平等参画を強力に進めている。津地協はこの方針を受け「女性の連合運動への理解を深める取り組みとして、各産別から委員を求め、女性が参加しやすい運動を進め」[9]るため、女性委員会を設置している。二〇一八年度には女性委員会は七回開かれている。女性委員会は他に研修会やレクリエーションも企画、実施している。二〇一七年一二月六日には三重県議会の女性議員による講演とガーデニング体験教室が開催され（参加者は六〇人）、二〇一八年六月三〇日は京都視察を兼ねた研修会が開催され、そこでは連合三重副事務局長により連合三重の男女平等参画方針の説明がなされた（参加者四九人）[10]。同様の取り組みは他の地協でも行われている。

メーデーは連合三重と各地協で開かれている。二〇一八年度の三重県中央メーデーは連合三重と亀山地協との共催で四月二八日に開催されたが（八〇〇人参加）、津地区メーデーは四月二二日に開催された（四五〇人参加）[11]。

この他、レクリエーション活動、ボランティア活動を加盟単組と連携しながら行っている。夏には津市にある遠浅の河芸マリーナでの楯干し（魚とり）を津地協として催す。「楯干し、潮干狩りは普通の労働組合の子どもの行事として当たり前のようにあるんです。魚と貝を買うて、海へばらまいて、それを狩る。夏休みは必ずそれを。六月から八月ぐらいまでは、どこかの地協がやりますわ。産別でもやります[12]」。

ボランティア活動は「列島クリーンキャンペーン」をメーデーの日に行っている。

5　発言力、交渉力の向上

津地協は使用者団体との会議を持っている。この労使会議の前に、首長と議員、自治体との関係を見よう。

5−1　首長と議員

連合三重は多くの推薦議員、推薦首長を抱えている。国会議員としては二人の衆議院議員、一人の参議院議員がいる。推薦している県議会議員は二一人（定数は五一人）である。推薦市町議会議員は合計で二九人となる。推薦首長は三重県知事、六市長、五町長となる。

津地協も津市長、市議会議員五人を推薦している。津地区の推薦県議会議員は三人である。

連合総研調査票によると、推薦市長、推薦議員と①定期的および不定期な懇談会、活動報告会を実施し、②地協総会や幹事会への出席を要請し、③新年の挨拶、忘年会など地協の季節行事への参加、④地協が実施するメーデーへの参加、⑤地協が実施するレクリエーション、ボランティア活動への参加も要請している。

具体的な回数はわからないが、議員との交流は以下のように活発である。「市議会議員、県議会議員の方には地協に足を運んでもらって、年六回は街宣がありますので、そこで話をしてもらったり。市長も連合推薦なので、組合員に対して講演をしてもらったりします。たとえば女性組合員を対象に子育て、小学校、幼稚園の話をしてもらったりします[13]」。

年明けに津地域フォーラム（二〇一八年度は二月一六日）、秋に単組代表者会議（九月二八日）を開催し、その場に県議会議員、市議会議員、市長を招き、活動報告の場を設け、その後に組合員と交流会を催している。「運営するのは幹事、三役で、加盟組合すべてに声を掛け、組合役員が六〇から七〇、時には八〇人くらい集まります。ここには市長、衆議院、参議院の現職議員、津地区選出の県議会議員、市議会議員が来ます。みなさん、来てもらいます。前半の一時間半くらいは議員、市長に話をしてもらって、後半の一時間半は懇親ということで、会費も三〇〇〇円徴収します[14]」。二〇一八年度の津地域フォーラムには六八人、単組代表者会議には六五人の一般組合役員が参加している[15]。

5－2　自治体

津地協は、津市の人権施策審議会、男女共同参画審議会、特別職報酬等審議会、公契約審議会の四つの審議会に委員を派遣している。

5－3　使用者団体

連合三重は三重県経営者協会と共に年に二回、三重労使関係会議を開催している。二〇一八年二月六日の会議では春季生活闘争が一つのテーマとして取り上げられ、九月二二日の会議では連合三重の県への政策制度要請が一つのテーマとして取り上げられている。

一〇の地協も連合三重にならって、地元の使用者団体との話し合いを持っている。連合総研調査票によると、津地協は春季生活闘争時およびそれ以外の時に地元の津市商工会議所と意見交換を行っている。いずれの時期にもテーマとしては①組合活動への理解促進、②最低賃金引き上げの必要性の理解促進、③地域のあるべき賃金相場の水準、④正規労働者の賃金改善、⑤労働時間の短縮や休暇取得の改善、⑥育児や介護環境の充実、⑦地元の新卒者の就職状況の改善、⑧UターンやIターンの促進など地元就職の活性化、⑨非正規労働者の賃金改善、⑩非正規労働者の雇用の安定化、⑪公契約条例制定の理解促進が挙げられている。

6　地域社会への働きかけ

最後に、組織拡大、街頭宣伝行動、税務相談、政策制度要請など、内側ではなく、組織の外にある地域社会向けに行っている活動を見ていこう。

6－1　組織拡大

連合三重は産業別組織、地域協議会と三位一体となって組織拡大を進めている。「通年の活動として、『組織拡大対象リスト』をもとに地協専従者を中心に三位一体行動（構成組織・地協・連合三重）とし

表5-1　組織拡大の成果（2017年7月～2018年6月）

単組名	組合員数	産業別組織	地域協議会
第五ときわっ子職員労働組合	9人	自治労	松坂多気地協
グッディ労働組合	111人	UAゼンセン	伊勢志摩地協
リゾートトラストユニオン鳥羽支部	236人	UAゼンセン	伊勢志摩地協
鳥羽シーサイドホテル労働組合	10人	私鉄総連	伊勢志摩地協

資料出所：連合三重『第30回大会議案書』（2018年10月26日）p.3より作成。

て未組織・未加盟組合を定期訪問しながら、情報収集に努めてきました[16]」。「地協専従者を中心に」とあるように、地協の専従事務局長がこの運動の主役である。各地協には地元企業への訪問活動、未加盟組合への対応（春闘情報の提供、旗開き・メーデーへの参加依頼、各種研修会への参加呼びかけ）をするよう求めている[17]。

津地協でも「『組織化対象リスト』に基づき、未組織・未加盟組合に対して定期的に訪問[18]」している。「連合三重の組織拡大アドバイザーと一緒に企業訪問しています。声がかかって、いくぞということで。連合三重が作ったリストをもとに、飛び込みで行ったり、アポイントを取って行ったりで、総務課長とかに会いに行きます。抵抗はとくにないです。個人的には大変だという人もいるようですが、私は苦ではありません[19]」。

連合三重は地域ユニオンとしてMIEワーカーズクラブ（調査時現在で組合員は三三七人）を持っている。「新規にできた組合は、とりあえずMIEワーカーズクラブに入って、その後、産別に入るということもあります[20]」。

二〇一七年七月から二〇一八年六月までの一年間で、連合三重は新たに五組合、三六六人を組織化している。**表5－1**はその内訳を示している。

これらの組織拡大において地協の貢献がどの程度、あったのかは、この資

表5-2　津地協の街頭宣伝行動

主なテーマ	実施日	場所
統一街宣　2018春季生活闘争キャンペーン	2月9日	津駅
統一街宣　3.8国際女性デー	3月8日	津駅
クラシノソコアゲ応援団！「STOP！長時間労働」	4月5日	津駅
統一街宣　男女平等・全国一斉労働相談	6月5日	津駅
統一街宣　最低賃金周知	9月5日	津駅
統一街宣　最低賃金周知・ディーセントワーク	10月5日	津駅

資料出所：連合三重『第30回大会議案書』（2018年10月26日）pp.8-9、連合三重津地域協議会『第17回大会議案書』（2018年11月30日）pp.3-6より作成。

料の限りではわからない。なお、津地協では最近では組合結成にまで至った事例はない。

6－2　街頭宣伝行動

連合三重は各地協に街頭宣伝行動を連携して行うよう求めている。すべての地協が同じ時期に同じテーマを掲げて行う統一街宣行動と地協独自に行う街宣行動がある。後者であっても地協独自でテーマを決めるわけではなく、連合三重と連携しながら進める。二〇一八年度、津地協が行った街宣行動を表5－2にまとめた。

この他に、津地協独自で「クラシノソコアゲ応援団！『医療・介護・奨学金』」の街宣行動も予定されていたが、台風のため中止となった。年に六回から七回の街宣行動が地協単位で行われている。「街宣は二、三月が一番大変ですね。春闘開始宣言やって、三六協定、国際女性デーと。五月はクラシノソコアゲ、六月から八月にかけては男女平等の関係、労働安全衛生は一〇月。一〇月は地賃も。津駅は乗降客が多いので、時間さえかければ、宣伝チラシの入ったティッシュ、何個でもはけます。街宣には津地協の役員、議員、合わせて二〇人くらい来てくれますので、一時間くらいしゃべるのは楽です[21]」。

6―3　税務相談会

この他、津地協独自の取り組みとして税務相談会がある。二月の税金の申告時期に開催している。二〇一八年度は二月一〇日に実施した。珍しい取り組みだが、「津地協では、昔からやっている。津市の広報にお願いして、市政便りも載せてもらって。組合の広報で、チラシをまいたりします。津市民にも呼び掛けて税務相談。津地協として、会計士を呼んで、こうやってやりますよという。いつも二〇人以上は来る。税理士を呼んで、津市の市民税課の人にも来てもらって、パーティションで四部屋ほどに区切って相談会をやる。相続税、贈与税、株や土地売却に関する税とかいろいろ相談にきます[22]」。

6―4　政策制度要請

地域社会への働きかけの最後として政策制度要請を見よう。連合三重は三重県、三重労働局に政策制度要請を行っている。二〇一八年度は一〇月一日に三重県知事と懇談会を開催して、要請を行った。三重労働局には十月二日に政策制度要請を行った。連合三重の政策制度要請の策定プロセスは次のようである。「連合本部の案を参考にしますし、連合三重の政策局のスタッフが『県政だより』を読んだり、議員とも意見交換をしながら、案を作っていきます。暮らしのための政策、働く者の政策という、連合と同じ二本柱。それを連合三重の政策制度委員会に出して、揉んでもらって成案していく[23]」。

連合三重は同様の政策制度要請を各地協に求めている。各地協が二〇一八年度に政策制度要請を行った市、町、および要請日の一覧を表5－3に掲げた。三泗地域の三重郡菰野町、朝日町、川越町への政策制度要請はこの表にはないが、大会議案書作成以後に行われており、したがって三重の地域協議会は三重県の全市町に対し政策制度要請を行っている。

地協の政策制度要請は基本的には連合三重の要請をベースにそれぞれの地域に合ったものを選んで

表5-3　地協による政策制度要請

地協名	相手先	実施日
桑員	いなべ市	10月4日
	桑名市	9月27日
	東員町	10月18日
	木曽岬町	10月23日
三泗	四日市市	11月27日
鈴鹿	鈴鹿市	11月21日
亀山	亀山市	10月10日
伊賀	伊賀市	11月24日
	名張市	12月1日
津	津市	2月28日
松坂多気	松阪市	11月16日
	多気町	11月16日
	明和町	11月20日
	大台町	11月20日
伊勢志摩	伊勢市	2月27日
	志摩市	2月9日
	大起町	2月15日
	鳥羽市	2月5日
	度合町	2月5日
	玉城町	2月5日
	南伊勢町	2月5日
紀北	尾鷲市	11月21日
	紀北町	11月22日
紀南	熊野市	11月22日
	御浜町	11月24日
	紀宝町	11月24日

資料出所：連合三重『第30回大会議案書』（2018年10月26日）pp.30-31より作成。

表5-4　津地協の政策制度要請

項目	概要	重点項目
産業政策	新規企業の積極的誘致、新規産業の育成、既存産業の再生、中小企業・地場企業の競争力強化支援など。	◎
子育て支援	幼稚園教諭・保育士等の処遇改善とキャリアパス構築など。認定こども園、保育所・幼稚園・放課後児童クラブの環境改善など。	◎
離職者・未就職者	地域での就労につながる教育訓練コースの整備やコース内容の質的向上など。	◎
公契約条例	公契約条例では契約の相手方に労働関係法令遵守、社会保険全面適用、適正な賃金水準および労働条件の確保を義務化など。	◎
無期転換ルール	無期転換ルール回避目的での雇い止めが生じることのないように周知徹底と相談体制の強化など。	◎
教員の働き方	教員など公務職場における過重労働の実態を早急に把握し、抜本的な過重労働対策の策定・実施など。	○
若者の就労支援	就職支援体制を強化・拡充することで、若年者のニーズに対応できるきめ細かな就労支援の実施など。	◎
育児、介護	雇用形態に関わらず、男女がともに妊娠・出産や育児、介護時などに就業継続できる環境の整備など。	◎
介護人材確保	介護職員の能力・資格・経験に応じて処遇するキャリアパス制度の積極的活用と充実による処遇の改善など。	◎
障がい者	障害者差別解消法の趣旨を周知するとともに、三重県障がい者差別解消条例（仮称）の制定など。	◎
防災	多くの学校が避難場所に指定されていることから、バリアフリー化をさらに進め、窓ガラスや天井等、非構造部材の耐震化の速やかな完了など。	◎
子どもの貧困	子どもの生活支援等、生存権の保障を強化するとともに、経済格差が教育の格差につながらないように、教育を受ける権利の保障など。	◎
労働教育	働くうえで必要なワークルールや労働安全衛生など、雇用問題に関する知識を深めるような実践的な労働教育の推進など。	◎
主権者教育	主権者教育について学校現場での取り組みを充実させ、若者への啓発強化など。	○

資料出所：連合三重津地域協議会『第17回大会議案書』（2018年11月30日）pp.30-33より作成。なお、重点項目の◎は連合三重の政策制度要請で重点項目とされているもの、○は重点項目ではないが、政策制度要請として掲げられているものを示す（これについては、「2018年度　連合三重　政策・制度　要求と提言」（http://rengo-mie.jp/torikumi/teigen/ に2019年12月10日にアクセス）を参考にした。

策定する。津地協では、それだけではなく、「市職、三重教組の津支部、県庁にも聞いて、三役、幹事と意見交換をしてまとめている」[24]。表5－4は津地協が津市に対して行った二〇一八年度政策制度要請の概要である。

連合三重の政策制度要請は一八項目九三分野にわたっているが[25]、津地協はその中から一四分野に絞って津市への政策制度要請としている。津地協はこの要請書を表5－3にあるように二〇一八年二月二八日に津市長に提出している。

1　津地協事務局長インタビュー記録（二〇一九年九月二六日）より。
2　津地協事務局長インタビュー記録より。
3　連合三重津地域協議会『第一七回大会議案書』（二〇一八年一一月三〇日）三四―三六頁。なお、この資料には九回幹事会が開かれたと記されているが、第四回幹事会の記載がなく、本文では、これを除く八回とした。
4　連合三重『第三〇回大会議案書』（二〇一八年一〇月二六日）六ページ。
5　津地協事務局長インタビュー記録より。
6　津地協事務局長インタビュー記録より。
7　連合三重津地域協議会『第一七回大会議案書』四頁。
8　津地協事務局長インタビュー記録より。
9　連合三重津地域協議会『第一七回大会議案書』二頁。。
10　連合三重津地域協議会『第一七回大会議案書』二頁。
11　連合三重『第三〇回大会議案書』四二頁。なお、参加者数については連合三重津地域協議会『第一七回大会議案書』

五頁によった。
12 津地協事務局長インタビュー記録より。
13 津地協事務局長インタビュー記録より。
14 津地協事務局長インタビュー記録より。
15 連合三重津地域協議会『第一七回大会議案書』二頁。
16 連合三重『第三〇回大会議案書』三頁。
17 連合三重『第三〇回大会議案書』三頁。
18 連合三重津地域協議会『第一七回大会議案書』一頁。
19 津地協事務局長インタビュー記録より。
20 津地協事務局長インタビュー記録より。
21 連合三重事務局長インタビュー記録（二〇一九年九月二六日）と津地協事務局長インタビュー記録より。
22 津地協事務局長インタビュー記録より。
23 連合三重事務局長インタビュー記録より。
24 津地協事務局長インタビュー記録より。
25 「二〇一八年度連合三重　政策・制度　要求と提言」（http://rengo-mie.jp/torikumi/teigen/ に二〇一九年一二月一〇日にアクセス）による。

第6章　福山地域協議会

1　組織

連合広島には一〇の地域協議会（広島地協、大竹・廿日市地協、芸北地協、呉地協、賀茂豊田地協、三原地協、尾道地協、備北地協、福山地協、府中地協）があり、各地協は四つのブロック―西部、南部、中部、東部―を構成している。福山地協は府中地協とともに東部ブロックに属している。専従事務局長一人と職員一人が配置されている地協は広島地協（西部ブロック）、呉地協（南部ブロック）、三原地協（中部ブロック）、福山地協（東部ブロック）の四つである。あとの六つの地協には専従事務局長は置かれていない。また、広域の備北地協（中部ブロック）には職員が一人いるが、それを除く五つの地協には職員も置かれていない。地協専従事務局長四人は連合広島の副事務局長（ブロック担当）を兼務している。

福山地協は福山市を組織範囲とし、二一の構成組織、六六の加盟組織、二万四六九人の組合員を抱える。福山地協の現在の議長は基幹労連から選出されている。単組専従役員である。副議長は五人であるが、うち一人は単組専従である。その他、事務局次長が二人、幹事が一二人で、計二一人で幹事会を構成している。この他に青年女性委員会から二人の特別幹事、会計監査が二人いる。

　現在の専従事務局長は四年前に繊維関係の企業を辞めて、福山地協の専従者となった。それまで当該企業の組合（ＵＡゼンセン）の非専従役員をしていた。

2　機関構成

　最高決議機関は総会である。代議員は連合総研調査票によると一一八人であり、実際の出席率は一〇〇％となっている。執行機関として三役会議と幹事会が置かれている。三役会議メンバーは議長、副議長、事務局長の七人、幹事会メンバーは前述のとおり二一人である。三役会議、幹事会ともに毎月一回、同じ日に開催され、連合総研調査票によると幹事会の平均出席率は九五％である。年間計画表を期初に作成し、そこに三役会議、幹事会、総会の開催計画が記されている。必ずしも曜日が固定されているわけではない。「出席率は割と高いです。毎回、開催の案内を出します。何月何日に、こういう議題で開催しますということをファックスで送ります。そうすると出席しますとか、欠席しますとか、代理を出しますとかが返ってきます。出席率の確認については、課題意識を持っている」[1]。三役会議は普段は夕方五時から、幹事会は同日の六時から開催される。

　専門委員会として政策制度委員会が設けられている。政策制度委員会は後述するように年に五、六回開催され、福山地協の政策制度要請案を企画、立案している。この他に、委員会として青年女性委員会が設けられている。

3　連合広島との連携

連合広島は四つの地域ブロック、一〇の地協と連携を図りながら、連合広島として一体的な活動を進めようとしている。議案書には地域ブロック、地域協議会との連携強化について次のように書かれている。「地域協議会事務局長会議（二月一三日）、地域協議会議長・事務局長会議（九月一七日）を開催し、諸活動に対する議論と意思疎通をはかるとともに、四地域ブロック（西部・南部・中部・東部）において、春季生活闘争総決起集会、政策・制度要求学習会や交流会を開催し、地域ブロック内の連携強化に努めた[2]」。

上述のように四つの地協の専従事務局長は連合広島の副事務局長（ブロック担当）であり、毎月の執行委員会、事務局会議に出席しており、連合広島と地域ブロック・地協を繋ぐ重要な要となっている。地協事務局長によると「連合広島の執行委員会を受けて、地協の幹事会を開いていますから、連合広島の執行委員会のだいたい一週間ぐらい後に福山地協の幹事会があります[3]」。

4　内側への働きかけ、支援

福山地協が幹事会メンバー、加盟組織、加盟組合員にどんな働きかけ、支援を行っているのかを見よう。

4－1　幹事会メンバー

幹事会の出席率は上述のように平均九五％と高い。幹事会欠席者には会議資料を持っていくことを基本としている。ただ、組合によっては組合事務所に入れないところ、あるいは組合事務所がないところもある。そういう組合には郵送している。連合総研調査票によると、幹事会欠席者の中には欠席のお詫びや挨拶をしたり、簡単な確認や質問を行うメンバーがたまにいる。

4－2　加盟組織

連合総研調査票によると、専従事務局長は加盟単組の七割を訪問している。「六六単組すべてを訪問するのは困難。三役、幹事会メンバー、比較的大きな組合、組合事務所のある組合を中心にオルグをしている。もちろん選挙をはじめ重要な取り組みの時にはもっとオルグします。訪問する組合も回数も増やしています[4]」。

春季生活闘争時には、連合広島の要請で地域ブロックごとに春闘決起集会が開かれる。福山地協は府中地協とともに二〇一九年三月二日に「連合広島二〇一九春季生活闘争東部ブロック総決起集会」を開いている。来賓として福山市長、衆議院議員一人、参議院議員二人、県議会議員、市町村議会議

表6-1　福山地協のクリーンキャンペーン

月日	名称	場所	参加者数
2018年12月2日	第23回環境クリーン運動	福山グリーンライン	81人
2019年 6月2日	芦田川を守る日	大渡橋東詰め	74人
10月27日	クリーンキャンペーン	大渡橋東詰め	61人

資料出所：連合広島福山地協『2020年度・第26回総会議案書』（2019年11月28日）pp.1-10、p.21より作成。

員を招き、連合広島役員による春闘情勢報告が行われた。[5] 福山地協、府中地協合わせて五〇〇人以上が参加した。[6]

4－3　組合員

メーデー、ボランティア活動など組合員への働きかけ、支援を見よう。

メーデーは地協単位あるいは地協内の地域単位で行われる。広島県中央メーデーは広島地協を中心に開催している。福山地協の二〇一九年度のメーデーは四月二七日に開催され、式典の後、「出店、屋台、チャリティー抽選会、ミニ動物園、キャラクター・ショー、沖縄伝統芸能エイサー舞踊、フリーマーケット、ばらオーナーへの協賛」[7]を行い、家族を含めた多くの組合員が参加した。二〇一九年度の参加者は五五〇〇人で、広島地協の中央メーデー七〇五五人に次ぐ規模である。[8]「福山地協のメーデーが盛り上がるのは、家族が来るから。キャラクター・ショーも午前と午後の二回するし、それを目的に小さい子どもたちがいっぱいきています」[9]。

列島クリーンキャンペーンは福山市の「明るい街づくり協議会」などに協賛して、年に三回実施している。二〇一九年度のキャンペーンは表6－1に示した。「クリーンキャンペーンも家族連れで皆さん来て、掃除をして、およそ七〇人から八〇人は集まります」[10]。

青年女性委員会がメーデーのチャリティー抽選会の企画、実施の中心メンバーとして活躍している。メーデー以外にも独自のセミナーや交流会を開催するなど活発に活動している。議案書には次のように書かれている。「青年女性委員会は概ね月一回開催するなかで、『交流行事』『セミナー』の企画等積極的に取り組み、次代を担うリーダーの育成にも寄与してきました。今後とも他地協の青年女性活動のモデルとなるよう、充実した青年女性委員会の活動を推進していきます[11]」。青年女性委員会は二〇一九年度には青年女性セミナー、メーデー、交流行事を議題に一一回開催されている。

セミナーは二〇一九年二月二三日～二四日に、福山市にある瀬戸内体験型施設「ツネイシしまなみビレッジ」で行われ、五三人が参加している[12]。最近の交流行事としては「今年の一月、岡山県の吉備高原に日帰りで行きました。みんなでうどん作りをして、テーブルゲームして、ドッチボールをしたり。みんなで一緒にわいわい言って、終わる時にはすっかり仲良くなっている。普段は会社が違うと交流なんかはないのに、いい機会ですよ。なかなか面白かった[13]」。事務局はお金は出すが、口は出さず、若い人に任せるというのが委員会活性化の秘訣と事務局長は語っていた。

5　発言力、交渉力の向上

福山地協は地元経営者団体との話し合いの場を持っていない。推薦首長、推薦議員、自治体への委員派遣を取り上げる。

5−1　首長と議員

連合広島の推薦地方議員団は県議会議員が一三人、市議会議員が三三人、町議会議員が七人の計五三人からなる。[14]推薦首長は県知事、市長は広島市、廿日市市、大竹市、東広島市、尾道市、福山市、庄原市の七市長、町長は府中町、神石高原町の二町長である。国会議員は衆議院議員が一人、参議院議員が二人である。

福山地協の推薦議員団は福山市選出の県議会議員二人、福山市議五人の計七人からなる。福山市長は前述のとおり推薦市長である。推薦候補は構成組織と連合広島が連携をはかり、連合広島で推薦が決定されたら、地協でも同様の決定をしている。

連合総研調査票によると、推薦首長、推薦議員と①定期的な懇談会、活動報告会を開催し、②地協総会への出席を要請し、③新年の挨拶・忘年会など地協の季節行事への参加、④地協メーデーへの参加も要請している。

政策制度要請の項でも触れるが、福山地協は「市長を囲む会」を毎年七月頃に開催している。前半では政策制度要請への市側の回答についての再質問、応答を行い、後半には市長が福山市の将来ビジョンを語るという構成になっている。[15]市側からは局長、部長も出席し、福山地協からは幹事会メンバー以外にも単組役員、推薦県議、推薦市議も出席する。参加者は合わせて一〇〇人を超える。

5−2　自治体

表6−2にあるように福山市の協議会、委員会にも福山地協から委員を出している。専従事務局長

表6-2　福山地協の自治体への委員派遣

名称	委員
福山市都市ブランド戦略推進協議会	事務局長
福山市廃棄物減量等推進審議会	事務局長
福山市都市再生協議会	事務局長
広島県独立行政法人高齢・障がい・求職者雇用支援機構運営協議会	事務局長
ふくやま健康・食育市民会議	事務局長
福山市地球温暖化対策実行計画協議会	事務局長
福山市個人情報保護審議会	事務局長
福山市総合戦略推進懇談会	事務局長

資料出所：連合広島福山地協『2020年度・第26回総会議案書』（2019年11月28日 pp.1-10、p.26より作成。

がもっぱら委員を務めている。

こうした会議、委員会に出席し、福山地協のアピールをしている。「就職のことを議論する会議では、就職してなにか悩みごとがあったら、先生たちにも相談があるかもしれないけれど、労働相談の窓口を福山地協は持っているので、こちらでも受けますよと、ティッシュを持って宣伝します[16]」。

6　地域社会への働きかけ

組織拡大、街頭宣伝行動、政策制度要請など、内側ではなく、組織の外にある地域社会向けに行っている活動を見ていこう。

6-1　組織拡大

連合広島は、構成別組織、地域ブロック、地域協議会と連携を図り、組織拡大の取り組みを進めている。連合広島には四人のアドバイザーが配置され（広島地協に二人、福山地協に二人）、労働相談と組織拡大を担当している。

連合広島は年一回、組織拡大担当者会議を開催して、連合広島の組織拡大方針、各構成別組織の組

表6-3　福山地協の街頭宣伝行動

月日	テーマ	参加者数
2018年12月5日	全国一斉労働相談ダイヤル	31人
2019年　2月2日	連合広島「Action! 36」全国集中取り組み期間	
2月5日	全国一斉労働なんでも相談	31人
5月29日	女性のための全国一斉労働相談ダイヤル	28人
10月11日	2019年度広島地方最低賃金改正周知	31人

資料出所：連合広島福山地協『2020年度・第26回総会議案書』(2019年11月28日) pp.1-10、pp.20-21より作成。

織拡大の目標と実績についての報告をしている。オルガナイザー研修も年に一回、開催している。

各組織との連携を図りとは言うものの、実際には「産業別の構成組織が本気で組織拡大に乗り出していかないとなかなか難しい。地協で労働相談から組織化というのもありますが、構成組織と連携し、積極的に関わっていただかないと、なかなか難しいです。ただ、個人加盟の連合広島ユニオンもあるので、そこを利用しながら組織化というのもあります[17]」。

ちなみに二〇一九年度の連合広島の組織拡大の実績は新規・未加盟組織の拡大が五組織、三七九六人、オープンショップ組織での新規加盟組合員が一一五七人の計四九五三人であった[18]。

6-2　街頭宣伝行動

表6-3は福山地協が連合広島の要請を受けて行った二〇一九年度の街頭宣伝行動の一覧である。議案書には「連合広島の運動方針に沿い、……街宣行動など各種の要請行動等に対して、各構成組織の積極的な参加と協力をいただき、実施することが出来ました[19]」。

街宣行動は基本的に流し街宣で行う。街宣車で連合広島が作成した

ＣＤを再生しながら、地協管内を回る。街宣行動でチラシ入りのティッシュを配ることもある（表6－3にあるのはティッシュ配布に協力してくれた地協役員数）。

6－3　政策制度要請

連合広島は広島県に政策制度要請を行っている。二〇一九年度は二〇一九年一一月五日に「西日本豪雨災害からの復旧・復興」を特別要請項目とし、その他に産業・雇用・労働政策、行政・まちづくり政策、社会保障・子ども・子育て・男女平等政策の三つの柱、一四小項目からなる要請[20]を広島県知事に行い、「今後の行政運営と二〇二〇年度予算への反映を求めた[21]」。なお、県側からの回答は例年翌年の一月にあり、二〇一八年度は二〇一九年一月三一日に行われた。回答文書受理後、「政策要求策定部会ならびに政策委員会で回答の評価・分析を行った上で、第一五回執行委員会において、八項目に関して県と再確認・再協議を実施することを確認した[22]」とあり、回答受理後も政策制度要請に取り組んでいることがわかる。二〇一八年度の例では、二〇一九年四月二三日に県から再確認事項に対する回答を受理し、五月二三日に県と再協議を行っている[23]。

連合広島各地協の「政策制度要請への取り組みは首長や自治体当局との関係によって、地協ごとに温度差がある。ただ、徐々にではあるが増えてきている。具体的には働き方改革、水道法関連の要請を各自治体に出すよう要請した結果、おおむね提出している。政策制度要請に取り組めるような環境になりつつあるのかと思います[24]」。

福山地協の政策制度要請は以下で述べるようにかなり充実している。政策制度要請案を検討するのは前述したように政策制度委員会である。委員会は一二人のメンバーからなり、現在の委員長は副議長で、事務局長、事務局次長、幹事一人もメンバーになっているが、その他の八人は地協役員ではなく、各構成別組織から推薦された委員である。

政策制度要請案の策定プロセスについて、議案書では「政策制度要求項目については、連合本部、連合広島より課題提起された内容も視野に入れながら、要求内容の充実をはかるため、福山地協三役、幹事会、連合推薦福山市議会議員の方々に意見やアドバイスをいただきながら、計六回の政策制度委員会を開催し要求の取り組みを行ってきました」[25]と書かれている。とはいえ、実際にはかなり地協独自の要請内容を自ら作り上げているように見える。

総括の委員長、事務局担当の地協事務局長を除く一〇人の政策委員には、担当分野が割り当てられている。分野と委員数は、医療福祉（一人）、雇用労働（二人）、経済行政（二人）、教育平和人権（一人）、資源環境（二人）、交通国土（二人）である。地協事務局長も認めるように「地域色が強い。非専従が多いのだけれど、みんな頑張ってくれて、よくやってくれます。福山市のホームページをしっかりみて、政策制度の欠けているところ、問題などを探しながら、政策制度要請案を作成している」[26]。

表6－4は二〇一九年度の福山市へ提出した政策制度要請の概要である。福山市の状況を踏まえ、具体的な行政施策を求める要請が多い。たとえばⅠの2は福山市の知名度向上、若者へのアピール強化のためのイベントの開催を求めるものであり、5は福山市紹介の取り組みの積極化、6は福山市駅前再開発関係の要請である。Ⅱの2は福山港内湾の水質改善、3は福山市ス

表6-4　福山地協の政策制度要請

分野	要請内容
Ⅰ．経済・行政	1．異常・予兆の早期検知が可能な仕組みの構築、家庭内非常食の備蓄意識の向上
	2．若者へのアピール、福山市の知名度向上のためのイベント(eスポーツなど)
	3．消費者教育、悪質クレーム対策
	4．中小企業退職金共済制度への加入促進
	5．福山市を紹介する取り組みの強化
	6．福山駅前再開発の周知と実効ある計画の推進
Ⅱ．資源・環境	1．ごみの分別のわかりやすい周知を
	2．福山港内湾の水質改善を県へ働きかけ
	3．省エネ及び災害時対応の観点から福山市スマートハウス化支援事業の継続
Ⅲ．雇用・労働	1．働き方改革に伴う法改正へ市としてフォローを
	2．外国人労働者の適正な労働管理に向けた取り組み
	3．企業の人材確保に向けた施策の強化
	4．職場におけるハラスメント防止
Ⅳ．国土・交通	1．福山市全体の渋滞解消策
	2．福山市内各地の用水路の整備点検
Ⅴ．医療・福祉	1．医師・看護師をはじめとする医療従事者の働き方改革
	2．介護人材確保に向けた処遇改善で資格取得に対する奨学金拡充
	3．幼児教育・保育の無償化は持続可能になるよう国と充分連携を

資料出所：連合広島福山地協『2020年度・第26回総会議案書』(2019年11月28日) pp.66-88より作成。

マートハウス化支援に係る要請である。Ⅳの1は福山市全体の渋滞解消、2は福山市用水路の整備点検を求める要請である。

二〇一九年度は十月二日に福山市長に要請書を提出し、一一月一一日に回答書を受け取っている。例年、七月ごろに、福山地協は「福山市長を囲む会」を開催している。[27]そこでは、政策制度要請と回答を踏まえた再質問に対する回答を市側が発表した後に、市長が福山市のビジョンを語ることになっている。インタビューによると「市側は局長、部長など幹部がみんな出席する。地協側も役員全員、その他、単組の役員も出席する。双方合わせて一〇〇人以上。推薦議員、県議も市議も参加します[28]」。福山地協の政策制度要請活動を加盟組合に知らせる良い機会になっていよう。

---

1 福山地協事務局長へのインタビュー記録（二〇二〇年三月一三日）より。
2 連合広島『第二六回大会議案書』（二〇一九年一一月二二日）一三頁。
3 福山地協事務局長へのインタビュー記録より。
4 福山地協事務局長へのインタビュー記録より。
5 連合広島福山地協『二〇二〇年度・第二六回総会議案書』（二〇一九年一一月二八日）二一頁による。
6 福山地協事務局長へのインタビュー記録より。
7 連合広島『第二六回大会議案書』八一頁。
8 連合広島『第二六回大会議案書』八〇—八一頁。
9 福山地協事務局長へのインタビュー記録より。

10 福山地協事務局長へのインタビュー記録より。
11 連合広島福山地協『二〇二〇年度・第二六回総会議案書』一八頁。
12 連合広島福山地協『二〇二〇年度・第二六回総会議案書』一九頁。
13 福山地協事務局長へのインタビュー記録より。
14 二〇一九年六月八日現在の数字。連合広島ニュース（二〇一九年六月）（https://www.rengo-hiroshima.jp/rengo_news/date/2019/06/ へ二〇二〇年四月三〇日にアクセス）。
15 もっとも、二〇一八年度は西日本豪雨、二〇一九年度は参議院議員選挙のため開催されていない。
16 福山地協事務局長へのインタビュー記録より。
17 連合広島事務局長へのインタビュー記録（二〇二〇年三月一二日）より。
18 連合広島『第二六回大会議案書』一八頁より。
19 連合広島福山地協『二〇二〇年度・第二六回総会議案書』二〇頁。
20 連合広島『第二六回大会議案書』七二―七六頁より。
21 連合広島『第二六回大会議案書』四〇頁。
22 連合広島『第二六回大会議案書』四〇頁。
23 連合広島『第二六回大会議案書』四〇頁。
24 連合広島事務局長へのインタビュー記録より。
25 連合広島『第二六回大会議案書』一七頁。
26 福山地協事務局長へのインタビュー記録より。
27 ただし、二〇一八年度は西日本豪雨、二〇一九年度は参議院選挙があったため、開催できなかった。
28 福山地協事務局長へのインタビュー記録より。

第7章　京築田川地域協議会

1　組織

連合福岡には七つの地域協議会があり、そのすべてに専従事務局長と職員が配置されている。専従事務局長七人のうち五人が構成組織からの派遣、二人は連合福岡雇用である。職員七人は各地協が雇用している。地協事務局長は連合福岡の特別中央執行委員に任じられ、毎月、開催される連合福岡執行委員会に出席している。

京築田川地協は広域地協で、三市（行橋市、田川市、豊前市）、一一町（苅田町、みやこ町、香春町、添田町、川崎町、糸田町、大任町、福智町、築上町、吉富町、上毛町）、一村（赤村）の十五自治体を組織範囲とする。一七の構成組織、六〇の加盟組織[1]、一万六〇六〇人の組合員からなる。地協を補完する組織として三つの地区連絡会―行橋京都地区連絡会（行橋市、苅田町、みやこ町）、田川地区連絡会（田川市、香春町、添田町、川崎町、糸田町、大任町、福智町、赤村）、豊前築上地区連絡会（豊前市、築上町、吉富町、上毛町）―が置かれている。

現在の専従事務局長はUAゼンセンの出身で、以前より単組役員、行橋京都地区連絡会役員、さらには地協役員を非専従で務めていた。会社での本来の仕事を含めれば実に四役を兼務していたことになる。八年前、五四歳の時に、地協からの依頼で、専従事務局長へ就任した。

2　機関構成

最高決議機関は総会である。代議員は連合総研調査票によると九二人である。二〇一八年度の総会には八〇人が出席しており、実際の出席率は八七％となっている。執行機関として幹事会が置かれている。幹事会メンバーは、議長一人、副議長六人、事務局長一人、幹事六人の計一四人からなり、幹事会は毎月、第一水曜日の夕方六時半から開催される。連合総研調査票によると出席率の平均は九〇％である。

地協の副議長六人は三つの地区連絡会の委員長、書記長を兼務し、地協幹事六人は三地区連の副委員長（各地区連に二人配置されている）を兼務している。各地区連にはこの他に幹事が置かれており、行橋京都が一五人、田川が一一人、豊前築上が六人である。

地協内部に専門部や専門委員会は設置していない。役員の兼務状況から推察されるように、三つの地区連と地協が一体となって地協活動を担っている。

3　連合福岡との連携

連合福岡は七つの地協と連携を図りながら、連合福岡として一体的な活動を進めようとしている。七地協の専従事務局長は前述したように連合福岡の特別執行委員として毎月の執行委員会に出席し、その直後に開催される地協事務局長会議にも出席している。以前より一体的な活動をしていたが、「二〇二〇年度から、それを可視化しようとしています。二〇二〇年度連合福岡年間活動計画表（地域協議会と共有事項を抜粋）を作成し、一二月に開催する地協代表者会議で示して、こうした取り組みを連合福岡、地協と一緒にやっていきましょうと確認しました[2]」。

この活動計画表には連合福岡の会議日程の他、総務局、企画管理局、組織・労働条件局、政策・連帯局ごとに毎月の会議、活動計画が示されている。なお、地協代表者会議は年に二回（六月、一二月）開催され、地協議長、地協専従事務局長が出席する。

一体的な活動をしていることは、地協側も認めている。「地協の大きな行事はすべて連合福岡のスケジュールの下で動いています。政策制度要請も連合福岡が県に提出する内容をおろしてくれるので、そこから地域に合う内容だけを抜粋し、文言も変えながら、また地域独特のものもあるので、それを加えながら地協で統一要請書を作っています[3]」。

連合福岡と地協の一体的活動を示す一つの例として、二〇一七年度から始めた「地域活性化フォーラム」がある。連合福岡は二〇一七年度に「労働組合・経営者・行政」が同じテーブルについて地域の発展について話し合う地域活性化フォーラムを各地域協議会と連携して三年間、七会場（＝七地協）で開催することを決めている。二〇一九年度は京築田川地協と連携して、二〇一九年二月一九日に行橋市でフォーラムを開催した。弁護士による「働き方改革関連法」に関する基調講演に続き、「人手不足の解消と長時間労働是正に向けた取り組み」をテーマに四人のパネリストによるパネルディスカッションが行われている。パネリストは行橋市商工会議所、企業（加盟組合が組織されている企業）、京築田川地協加盟組合から一人ずつ、そして地協専従事務局長であった。「参加者からは、『それぞれの組織がさまざまな働き方改革を行っていることを知り参考となった。自組織に持ち帰り共有したい』などの好意見が多く上がり、当初の目的を達成できた[4]」と総括している。

4　内側への働きかけ、支援

京築田川地協が幹事会メンバー、加盟組織、加盟組合員にどんな働きかけ、支援をしているのかを見よう。

4−1　幹事会メンバー

幹事会の出席率は前述のように九〇%と高い。広域地協なので幹事会への出席には交通費を支給しており、その支給実績から幹事会の出欠状況がわかる。半期に一回、本人にそれを知らせているそうである。

表7-1　各地域協議会の春闘開始宣言集会

日時	地域協議会	場所	対応者（連合福岡）	参加者
2月4日	北筑後、南筑後	大牟田市役所	会長、局長、次長	100人
2月5日	筑紫朝倉	生涯学習センター	事務局長	70人
2月5日	北九州	小倉駅前	会長、局長、次長2人	200人
2月6日	遠賀川	直方市中央公民館	会長	163人
2月8日	京築田川	ウィズゆくはし	副事務局長	70人
2月13日	福岡	天神ビル	会長、局長	80人

資料出所：連合福岡『第22回連合福岡定期大会』（2019年10月30日）p.43より作成。

幹事会欠席者には会議資料を送付している。連合総研調査票によると、幹事会欠席者の中には地協を訪問して、あるいは他の手段で欠席のお詫びや挨拶をしたり、簡単な確認や質問を行うメンバーがたまにいる。

4－2　加盟組織

連合総研調査票によると、専従事務局長は加盟単組の六割、構成組織の一割を訪問している。「二〇から三〇の単組を回ります。一年に何回も行きます。特に大手の組合。政策制度要請への意見をもらいに行くとき、春闘時の激励訪問とかで、とにかくまめに行きます。選挙のときは候補者連れて、行きます」[5]。

春季生活闘争の主体は連合福岡、産業別組織であるが、地協は連合福岡の九州一周キャラバンへの協力、春闘開始宣言集会開催、地域の経営者団体への要請書の提出、地場の中小組合への支援を行う。

九州一周キャラバンとは、連合福岡所有の街宣車を使い、二〇日間ほどかけて九州ブロックの各地方連合会がバトンタッチしながら春季生活闘争方針等を周知する運動である。二〇一九年度で

表7-2　各地域協議会の春闘要請書提出先（月日）

地域協議会	要請先
福岡	福岡商工会議所（3/4）、糸島商工会議所（4/25）
北筑後	大川商工会議所（3/13）、うきは商工会(3/13)、久留米商工会議所(3/13)、小郡市商工会（3/13）、中小企業団体中央会(3/13)
南筑後	柳川商工会議所（3/15）、みやま商工会(3/15)、大牟田商工会議所(3/18)、筑後商工会議所（3/27）、八女商工会議所（4/6）
遠賀川	中間市商工会議所（3/15）、直方市商工会議所（3/15)、飯塚市商工会議所(3/15)、嘉麻市商工会議所（3/15）、宮若市商工会議所（3/20）
北九州	北九州商工会議所(3/8)
京築田川	行橋商工会議所（3/11)、苅田町商工会議所（3/11）

資料出所：連合福岡『第22回連合福岡定期大会』（2019年10月30日）p.74より作成。

は、連合福岡管内で二月二日に福岡地域、四日に北筑後、南筑後、筑紫朝倉地域、五日に北九州、京築田川地域を街宣車が回っている。その後、**表7－1**にあるように各地協で春闘開始宣言集会が開催されている。京築田川地協は二月八日に行橋市で春闘開始宣言集会を開き、参加者は七〇人であった。

連合福岡は「春季生活闘争に関する要請書」を福岡労働局、福岡県経営者協会、福岡県商工会議所連合会、福岡県商工会連合会、福岡県中小企業団体中央会、福岡県中小企業家同友会に提出している。同じような行動を地協にも求めており、各地協は、連合福岡・中小共闘センター代表者との連名で**表7－2**にあるような経営者団体に同様の要請書を提出している。京築田川地協では専従事務局長、京築田川地協議員懇談会の会長、幹事長が行橋京都地域の行橋商工会議所、苅田町商工会議所を二〇一九年三月一一日に訪問し、要請書を提出している。ただ、「京築田川地協管内では一五の経営者団体があるのだが、現在のところ、この二つしか行けていない」[6]。

地協による地場中小組合への闘争支援では、**表7－3**にあるように、学習会、交流会、決起集会を開催したり、あるいは加盟組織や未加盟組織を訪問して激励するという活動を行っている。

京築田川地協では、二月八日に出前講座（連合福岡に講師派遣を依頼）を開催した後に、地区連ごとに地協専従事務局長と地区連役員が地域の中小加盟組合、未加盟組合を「激励」のために訪問してい

表7-3　各地域協議会の中小労組支援

地域協議会	支援内容
福岡	政策制度実現に向けた政治学習会（3/6）
	春季生活闘争構成組織意見交換会（5/22）
筑紫朝倉	筑紫地区中小交流会（2/24）
	朝倉地区中小交流会（3/16）
	中小労組支援決起集会（5/13）
北筑後	久留米地区ハイタク労連「春闘学習会」（2/20）
	北筑後地区中小労組支援集会（4/2）
南筑後	連合福岡春季生活闘争出前講座（2/6）
	柳川みやま地区春季生活闘争学習会（2/20）
遠賀川	中小労組運動連絡会（2/20、3/15、5/31）
	中小労組連帯総決起集会（3/25）
北九州	連合北九州中小連絡会（3/1）
	連合北九州中小地場未加盟労組交流会（3/26）
京築田川	連合福岡春季生活闘争出前講座（2/8）
	春闘激励訪問
	・行橋京都地区連中小未加盟労組（3/18）
	・豊前築上地区連中小未加盟労組（3/25）
	・田川地区連中小未加盟労組（3/26）

資料出所：連合福岡『第22回連合福岡定期大会』（2019年10月30日）p.75より作成。

る。各地区連で三つから五つの単組を激励訪問する。未加盟組合の訪問はスムースにいくのだろうか。「連合という看板を背負って行くと会社は嫌がりますね。『次から来ないでくれ』『連合が何しに来たんか』とか言われることもあります。そういう未加盟組合は互助会的なところもありますから、なかなか労働組合が理解されない。なかには、総務部長が『来年も来てください』とか言うところもあります。私が春闘関係の情報を持っていますからね。来年も来て、いろいろ教えてくださいとか」[7]。

連合福岡と連携して開催する前出の地域活性化フォーラムも加盟組織への支援、働きかけである。

4—3　組合員

メーデー、ボランティア活動など組合員への働きかけ、支援を見よう。

連合福岡ではメーデーは基本的に地協ベースで行っている。福岡市内で開催するメーデーは福岡地協と連合福岡が共同開催している。京築田川地協では以前はメーデーを地区連ごとにやっていた時期もあるが、予算、人員規模の問題から現在は地協としてメーデーを行っている。例年、行橋市の総合公園（雨天の場合は公園内にある体育館）で開催している。式典の後、子ども向けの様々な催しをするのが京築田川地協メーデーの特徴である。「毎年、子どもの和太鼓チームが近辺にあって、その子どもたちに和太鼓の演奏をしてもらっています。それと模擬店です。焼きちくわとか、綿菓子、かき氷、フランクフルト、ヘリウムの風船など。子どもたちにいっぱい来てもらって、子どもが『今日一日、楽しかったね』と家に帰って親に言えば、親たちも組合活動に出やすいじゃないですか。家族が楽しんで喜んでもらえる、それが私の目的です。家族連れが多いメーデーで、二五〇〇人、多いと三〇〇〇人くらい来ます。ステージを組むわけではないし、駐車場は総合公園のグランドを使えばいいので、そんなに費用はかかんないですよ。八〇万円くらい」[8]。

列島クリーンキャンペーンは地区連ごとに実施している。地区連が企画、日程、場所すべてを決めている。地協事務局長は三つのキャンペーンのいずれにも参加している。二〇一九年度は行橋京都地区連が一〇月一三日に行橋市役所周辺、同じ日に豊前築上地区連が築上町役場周辺、田川地区連が一〇月二〇日に香春町役場周辺でクリーンキャンペーンを実施した。各自治体の首長のあいさつのあと、京築田川地協議員懇談会の地元議員、地区連加盟組合の組合員家族が参加した。参加者数は行橋京都地区連が一一〇人、豊前築上地区連が六〇人、田川地区連が五〇人であった。

レクリエーションはこれまで特にやってこなかったが、「去年、初めて、労福協絡みで、労働金庫やこくみん共済ＣＯＯＰの商品の説明とレクリエーションを兼ねて大分まで行ってきました。私は、レクリエーションの企画が苦手なんですが、やはり、必要なんだろうなあと思っています。現在、幹事会でも話しているところなのですが、家族が参加できるような、バス・ハイキングを労福協と共催でできないか考えているところです。ただ、予算がないですから、毎年というわけにはいかないでしょうけれど、何年かに一回くらいだったらできるかなと思っているところです」[9]。

5 発言力、交渉力の向上

京築田川地協は前述したように、使用者、行政を巻き込んだ地域活性化フォーラムを連合福岡と連携して開催し、また、春闘時には行橋商工会議所、苅田町商工会議所など使用者団体に要請書を提出している。これらはいずれも京築田川地協の発言力、交渉力の向上につながろう。これら以外にも、地方自治体との間で労働行政懇談会という場を、三つの地区連ごとに持っている。以下では推薦首長、推薦議員、労働行政懇談会、自治体への委員派遣を取り上げる。

5－1 首長と議員

連合福岡の推薦県議会議員は二五人（定員八八人）、推薦首長は県知事、政令指定都市の北九州市長などである。

京築田川地協の推薦議員は市議会議員が七人（行橋市四人、田川市三人）、町議会議員が六人（苅田町二人、福智町二人、糸田町一人、川崎町一人）であり、市町村議員一三人は京築田川地協議員懇談会を構成している。地域選出の県議会議員が三人である。なお、県議三人は議員懇に参与として関わっている。推薦首長は田川市長、苅田町長、添田町長の三人である。

連合総研調査票によると、推薦首長、推薦議員と①定期的な懇談会、活動報告会を開催し、②地協総会や幹事会への出席を要請し、③新年の挨拶・忘年会など地協の季節行事への参加、④地協メーデーへの参加、⑤地協が実施するレクリエーション、ボランティアへの参加も要請している。前述したように、春闘時への商工会議所への要請書の提出、後で見る自治体への政策制度要請の提出の際にも議員懇の代表は地協役員に随行している。またすぐ後でみる労働行政懇談会にも参加している。京築田川地協議員懇談会は秋に定期総会を開催し（二〇一九年度は一一月一九日）、三つの地区連ごとに議会活動報告を地協に対して行っている。

5―2　労働行政懇話会

次に労働行政懇談会を見よう。これは各地区連で二月から三月にかけて開催される懇談会で、後述する政策制度要請に対する各自治体の回答書を横並びで提示し、回答内容について行政、議員、地協・地区連で話し合うという場である。「自治体はたくさんありますけれど、横のつながりというのはほとんどできていないんですね。たとえば同じ政策制度要請であっても、自治体によって回答が全然違ったりします。これを他の自治体も含めて比較することで、うちの自治体はこうやっているけれど、隣の自治体はこうやっているんだとわかる。そういう場ですよという案内を各自治体に送って、出席を促しています。地協からは議長と事務局長、あとは地区連の役員や議員懇の議員が出席します。七年前からやっています[10]」。

出席者は徐々に増えてきている。「最初は、地協が要求ばかりしてくるんじゃないかと自治体の方は構えていたみたいです。政策制度要請書を提出する際に、われわれは要求ばかりするわけではないですよ、地域の発展のためにやっているんです。安心、安全、安定した社会を作りたいと私たちも考えています。だから一緒にやりたいんですよというアピールをして、徐々に、私たちの考えが理解さ

表7-4　豊前築上地区連絡会「労働行政懇談会」出席者

自治体	豊前市長、築上町長、上毛町総務課長
京築田川地協	議長、事務局長
豊前築上地区連絡会	委員長以下役員8人
豊前築上地区加盟単組	豊前市職組2人、築上町職組4人、吉富町職組2人、上毛町職組2人、他の加盟単組9人。計19人
その他	1人

資料出所：連合福岡京築田川地協豊前築上地区連絡会「労働行政懇談会」資料（2020年2月26日）の参加者名簿より作成。

れるようになってきました」[11]。

現在の地協事務局長が京築田川地協の専従者になる以前に、同様の懇談会を行橋京都地区連で行っており、地協の専従事務局長になったのを機会に、田川地区連、豊前築上地区連にも広げていった。

表7－4は豊前築上地区連絡会が開催した労働行政懇談会の出席者である。豊前築上地域は前述したように豊前市、築上町、吉富町、上毛町の四自治体からなる。豊前市、築上町からは首長が、上毛町からは幹部が懇談会に出席し、四つの自治体職員組合のすべてから役員が出席している。職組以外の単組からは一〇人が、地区連からは委員長以下八人の役員が出席している。まさに労働と行政の懇談会である。たまたま二〇二〇年度の豊前築上地区連絡会の労働行政懇談会の参加者名簿には議員懇の地元議員は載っていないが、二〇一九年度の議案書には議員懇メンバーも参加と記載されている[12]。

近隣の自治体であっても対応が異なっている例を二つ挙げよう。一つは豊前築上地域の四自治体の「子ども食堂への支援」に対する回答である。**表7－5**にあるように子ども食堂があり、何らかの形で運営に協力しているのは築上町と上毛町であり、豊前市と吉富町はニーズ

表7-5 「子ども食堂への支援」に対する回答

豊前市	子ども食堂のニーズを調査するなど、関係各所と協議し、検討したいと思います。
築上町	築上町社会福祉協議会が子ども食堂を実施しています。立ち上げの検討会に、本町から福祉関係部局の職員が参加しておりましたが、行政の支援・・を受けると様々な縛りが出るため行政からの補助金等の支援は受けないということになりました。このため、本町では、職員がボランティアで参加し運営支援を行っています。
上毛町	町内社会福祉法人と協力してキラリ食堂を開催している。今後も積極的な連携を図っていく。
吉富町	地域における子育て世帯の状況を把握しながら、関係機関と連携を図り必要な支援の実施に努める。

資料出所：京築田川地協豊前築上地区連絡会「労働行政懇談会」資料（2020年2月26日）p.9より作成。

表7-6 「教員の働き方改革」への回答

田川市	簡易型の出退勤管理システムを作成配布し、校長管理のもと、超過勤務の削減に努めている。
香春町	①タイムカードによる勤務時間の管理、②学校閉庁日（年4日）の設定、③町指定の定時退校日（月2回）の設定、④部活動の活動日・活動時間の上限設定、⑤町雇用の学校業務による学校事務補助等に取り組んで、勤務時間と適正化に努めていきたい。
添田町	勤務時間の自己申告制を試験的に取り入れている。
糸田町	パソコンによる出退勤管理をしている。ICT機器導入による学習環境の改善を行い、事務軽減や長期休業中の休暇取得の推進を学校と協議し、改善対策を検討していきたい。
川崎町	タイムカードを導入し、勤務時間管理をしている。
大任町	①学校閉庁日や学校閉庁時間、月2回程度の定時退校日を設定し、意識改革を促している。②部活動の負担軽減、③文書事務の見直し、④勤務時間外の電話対応の負担軽減に向け準備中、⑤校務支援システムの導入・運用について積極的に検討している。
福智町	勤務時間報告、管理を行っている。
赤村	長時間労働是正は重要課題のひとつだと考えている。

資料出所：京築田川地協田川地区連絡会の内部資料により作成。

を調査して、検討すると回答している。また、同じく自治体が協力しているとはいえ、築上町は職員がボランティアとして関わり、上毛町は「積極的連携」とあることから推測すると、行政として協力しているようだ。

もう一つは田川地区連絡会の労働行政懇談会で提示された「教員の働き方改革」への回答である。**表7-6**は田川地域の一市、六町、一村の回答を比較したものである。これによると、教員の働き方改革は重要課題だと認識しているが何も対策を打っていないように見える赤村、出退勤時間を自己申告させていることに止まっていると見られる田川市、添田町、福智町、タイムカードやパソコンによる勤務時間管理をしている香春町、糸田町、川崎町、勤務時間管理については何も触れられていないが、学校閉庁日、学校閉庁時間、定時退校日の設定、部活動の負担軽減など積極的に対応している大任町など、かなり対応がばらついている。タイムカードを導入している香春町は大任町と同じく積極的に対応している。

以上から、京築田川地協が開催している労働行政懇談会は行政施策の平準化、改善を促すきっかけを与えると考えられる。それは京築田川地協の発言力を大いに高めることにつながろう。

5-3　自治体

自治体の審議会、会議への委員派遣は意識的に追求されている。専従事務局長は行橋市、みやこ町、吉富町の地方創生会議に委員として参加している。その他、特別職給与審議会、住宅審議会など依頼があれば専従事務局長が委員として参加する。「こういう会議では、うかつなことは言えないですから、しっかりと準備をして発言して、良い印象を持ってもらうよう努めています。そうすれば顔つなぎができますし、労働行政懇談会にも来てもらえます。たとえば、ある会議では行橋商工会議所の専務理事と一緒なのですが、春闘時の経営者団体への要請書もすんなり受け取ってくれます[13]」。地協の認知度を高めるだけではなく、労働者団体代表としての意見をこうした会議で行政施策に関して積極的に語ることで地協の発言力、交渉力を高めることにもなろう。

6　地域社会への働きかけ

組織拡大、街頭宣伝活動、政策制度要請など、内側ではなく、組織の外にある地域社会向けに行っている活動を見ていこう。

6−1　組織拡大

連合福岡は組織拡大推進委員会を設置し、構成組織の担当者、七地協事務局長をメンバーとしている。活動報告では「連合福岡・構成組織・地域協議会が、組織化ターゲット、企業内未組織労働者、関係・関連会社へのアプローチ、労働相談からの組織化対応など、相互に連携を取り合いながら取り組みを進めてきた[14]」。とはいえ地協を巻き込んで、地域で組織拡大を進めていくのは実際問題として難しいようである。もちろん、組織拡大が進んでいないわけではない。構成組織による関係会社や未組織企業の組織化、単組による組合員の獲得などは行われている。二〇一九年度では、構成組織による組織化は自動車総連が二組合二〇四人、電力総連が一組合三三人、UAゼンセンが一組合四〇人の合計四組合二七七人であった。オープンショップ制の下での新規組合員の獲得は自治労が九八一人、JP労組が八一一人、JR連合が二九五人、日教組が四一五人、連合福岡ユニオンが六一人の合計二五六三人であった。労働協約の改定によって組合員範囲を拡大したことによる組織化は私鉄総連が一組合六一人、UAゼンセンが一組合二五人の合計八六人であった。すべてを足し合わせると二九二六人となる[15]。

前述したように、京築田川地協の幹事会では組織拡大がとりわけ議題になることが多い。「幹事会では、組織拡大につながる情報は何かないですかというのを毎回、確認しています。そうすることによって、幹事会のメンバーも組織拡大の必要性についての関心を失わずに、継続して持ってもらえますから[16]」。春闘時の未加盟組合への激励訪問もその一環であろう。ただ、実際には難しい。「この地域でも民間の企業で撤退するところが多い。特に筑豊地区なんかは本当に民間の企業がない。連合福岡が十数年前にターゲットとして挙げていた企業も三、四社あったのですが、今は、もう存在しないんです[17]」。

6－2 街頭宣伝行動

街頭宣伝行動は連合福岡が企画して、地協が実施するというのが基本である。春闘、年三回の全国一斉労働相談、そのほか、労働関係の法律改正やイベントに合わせで街宣行動を行っている。法律改正ではたとえば「働き方改革」、「同一労働同一賃金」、イベントでは「Action！36」などである。

京築田川地協では二〇一九年度は全国一斉労働相談ダイヤルの周知で二回、クラシノソコアゲ、最低賃金、Ａｃｔｉｏｎ！36で各一回、合計五回の街頭宣伝行動を地区連ごとに行っている。行橋京都地区連はＪＲ行橋駅前で街宣行動を行い、夕方の五時半から始めて、地協事務局長が地区連の役員の応援も得て七時までチラシ、ティッシュを配布している。他の二つの地区連でも以前は駅前で街宣行動を行っていたが、社会人ではなく学生しかいないということで止めている。

行橋駅前以外では、連合福岡から支給されるチラシ、ティッシュを個別にポスティングしている。二〇〇〇個支給されるうちの一〇〇〇個を行橋駅前で配り、残りの一〇〇〇個を地協事務局長が一五の自治体を回って、各家庭にポスティングをしている。「三日くらいかけて個別に配ります。アパートとか、市営・町営住宅とかに配ります。そういうところに連合のチラシやティッシュを配らないと連合の認知度上がらないと思うんです。だから一人でやっています。もう七年もやっているんで、慣れていて、市や町のどこに何があるかわかっていますから[18]」。

6―3　政策制度要請

連合福岡は福岡県に政策制度要請を行っている。二〇一九年度は二〇一九年八月九日に八分野四〇項目（重複を除く）からなる要請を福岡県庁に申し入れている。回答は翌年の二月頃に知事から文書で行われ、その後、意見交換が行われる。回答が出る前には県との意見交換が一日半かけて行われる。「九州北部豪雨関係と地方創生は別として、労働・教育、医療・地域活性化、環境・安全の大きな部門ごとに政策制度要請を企画立案しているので、このそれぞれに対して県の方が説明してくれま

表7-7　地域協議会に提示した「統一要求項目」と「サブ要求項目」

	統一要求項目	サブ要求項目
労働・教育	公契約条例の制定	雇用創出・拡大の取り組み強化
		総労働時間の縮減、相談窓口の整備等過労死防止対策の推進
		学校における働き方改革
		外国人労働者が安心して働くことができるための環境整備
医療・地域活性化	地域包括ケアシステムの構築と介護サービスの安定提供に向けた介護労働者の処遇改善	街づくりと一体となった公共交通の拡充
環境・安全	総合的な防災・減災対策の充実	増え続ける空き家問題の対応
		倫理的な消費者行動の促進
地方創生	まち・ひと・しごと創生の推進	

資料出所：連合福岡「連合福岡2019年度政策・制度要求　各地域協議会の取り組みについて」より作成。

す[19]」。

連合福岡は地協にも政策制度要請を各自治体に行うよう求めている。「各地域協議会においても、統一要求をベースとしつつ地域実態に沿った要求を掲げ、市町村に対する要請行動を実施してきた[20]」。二〇一九年七月二九日の地協事務局長会議で示された「連合福岡　二〇一九年度政策・制度要求　各地域協議会の取り組みについて」という文章には次のように書かれている。「政策・制度要求の実現に向けて、福岡県内の各市町村に権限がある事項に対する要求については、各地域の事情も踏まえつつ、連合福岡と地域協議会で連携して市町村に対して要求を行っていくこととしています。今年度も、『連合福岡二〇一九年度政策・制度要求』で目指す諸施策と連動した要求とするため、下記のとおり『統一要求項目』と『サブ要求項目』を設定します。なお、昨年同様に連合福

表7-8　豊前築上地区連絡会の政策制度要請（概要）

労働・教育	1．雇用創出・拡大の取り組み強化
	2．総労働時間の縮減、相談窓口の整備等過労死防止対策の推進
	3．学校における働き方改革について
	4．子ども食堂への自治体の支援について
	5．外国人労働者が安心して働くことができるための環境整備
医療・地域活性化	1．地域包括ケアシステムの構築と介護サービスの安定提供に向けた介護労働者の処遇改善
	2．街づくりと一体となった公共交通の拡充
環境・安全	1．総合的な防災・減災対策の充実
	2．増え続ける空き家問題の対応
	3．「倫理的な消費行動」の促進
地方創生	1．まち・ひと・しごと創生の推進

資料出所：京築田川地協豊前築上地区連絡会「労働行政懇談会」資料（2020年2月26日）p.3より作成。

岡として、要求の『ひな形』は作成しますが、地協要求項目・内容・表現の判断は、各地協に委ねることとします」。

表7－7が「統一要求項目」と「サブ要求項目」である。京築田川地協は現在、一五全ての地方自治体に政策制度要請を行っている。以前は行橋京都地区連が行橋市、苅田町、みやこ町に政策制度要請を行っていたが、それ以外は行っていなかった。現在の事務局長が専従になってから、対象を広げていったそうである。当初の自治体の対応は「最初は『何しに来たのか』という対応の自治体もありました。いや、一緒に地域を盛り上げたいんです、安心、安全、安定した地域づくりを一緒にやりたいんですと話して、理解していただいて、受け取ってもらえました[21]」。

京築田川地協の政策制度要請は次のように策定される。「連合福岡の政策制度要求書から地域に合う内容を事務局がすべて抜き出して、それを幹事会で提案します。そこで議論して、文言を修正したりしながら地協としての統一要求書を作ります。それを地区連に振って、地区連独自の要求があったらそれをプラスして、地区連の政策制度要求にします」[22]。

表7―8は豊前築上地区連が豊前市、築上町、上毛町、吉富町に提出した政策制度要請書の概要である。公契約条例の制定が含まれていないものの（田川地区連絡会の要請書には含まれている）、連合福岡が要請した項目のほとんどが取り入れられている）。この要請書を一五の自治体に提出するのである。二〇一九年度では行橋京都地区連は一二月四日に行橋市、苅田町、みやこ町に提出し、田川地区連は一二月一八日に田川市、香春町、添田町、糸田町、川崎町、大任町、福智町、赤村に提出し、豊前築上地区連は一二月一五日に豊前市、築上町、上毛町、吉富町に提出した。要請書の提出は地区連ごとに地区連役員、地協議員懇の地元選出議員が行うが、三市、一一町、一村への提出すべてに地協事務局長が随伴する。

翌年の二月に各自治体から文書で回答を受け取り、それをもとに、前出の労働行政懇談会が行われる。

1　京築田川地協構成組織一覧表（連合福岡京築田川地協『第二六回定期総会議案書』（二〇一九年一一月一五日）より。なお、同じ単組の支部、分会は一つに数えた。

2　連合福岡事務局長・副事務局長へのインタビュー記録（二〇二〇年三月三日）より。

3　京築田川地協事務局長へのインタビュー記録（二〇二〇年三月二日）より。
4　連合福岡『第二二回連合福岡定期大会』（二〇一九年十月三十日）一九頁。
5　京築田川地協事務局長へのインタビュー記録より。
6　京築田川地協事務局長へのインタビュー記録より。
7　京築田川地協事務局長へのインタビュー記録より。
8　京築田川地協事務局長へのインタビュー記録より。
9　京築田川地協事務局長へのインタビュー記録より。
10　京築田川地協事務局長へのインタビュー記録より。
11　京築田川地協事務局長へのインタビュー記録より。
12　京築田川地協『第二六回定期総会議案書』一八頁。
13　京築田川地協事務局長へのインタビュー記録より。
14　連合福岡『第二二回連合福岡定期大会』四頁。
15　連合福岡『第二二回連合福岡定期大会』五―九頁。
16　京築田川地協事務局長へのインタビュー記録より。
17　京築田川地協事務局長へのインタビュー記録より。
18　京築田川地協事務局長へのインタビュー記録より。
19　連合福岡事務局長・副事務局長へのインタビュー記録より。
20　連合福岡『第二二回連合福岡定期大会』三四頁。
21　京築田川地協事務局長へのインタビュー記録より。
22　京築田川地協事務局長へのインタビュー記録より。

●著者紹介
中村圭介（なかむら・けいすけ）
1952年生まれ。東京大学大学院経済学研究科博士課程単位取得退学。雇用職業総合研究所研究員、武蔵大学経済学部助教授、東京大学社会科学研究所教授を経て、現在、法政大学大学院連帯社会インスティテュート教授。博士（経済学）。
主な著書に『日本の職場と生産システム』（東京大学出版会、1996年）、『教育行政と労使関係』（共著、エイデル研究所、2001年）、『変わるのはいま―地方公務員改革は自らの手で』（ぎょうせい、2004年）、『行政サービスの決定と自治体労使関係』（共著、明石書店、2004年）、『衰退か再生か：労働組合活性化への道』（共編、勁草書房、2005年）、『ホワイトカラーの仕事と成果―人事管理のフロンティア』（共編、東洋経済新報社、2005年）、『成果主義の真実』（東洋経済新報社、2006年）、『実践！自治体の人事評価：「評価される側」からのアプローチ』（ぎょうせい、2007年）、『壁を壊す』（教育文化協会、2009年、新装版、2018年）、『地域を繋ぐ』（教育文化協会、2010年）等。

連合・労働組合必携シリーズ2
地域から変える――地域労働運動への期待

2021年3月25日　初版第1刷発行

著　者　　中村圭介
装　丁　　河田　純（株式会社ネオプラン）
発行所　　公益社団法人教育文化協会
〒101-0062　東京都千代田区神田駿河台3-2-11
TEL 03-5295-5421　FAX 03-5295-5422
制作・発売　株式会社旬報社
〒162-0041　東京都新宿区早稲田鶴巻町544
TEL 03-5579-8973　FAX 03-5579-8975
ホームページ http://www.junposha.com/
印刷製本　中央精版印刷株式会社

ISBN 978-4-8451-1688-1